デジタル世界図絵

アーチャル・ミュージアムの取組み

眞壁宏幹・眞壁ゼミ

ars incognita

慶應義塾大学三田哲学会叢書

目次

はじめに

　今でも鮮明に覚えている旅先での会話があります。それは、娘とドイツを旅し、北ドイツの町に住む友人を訪ねたときのことでした。朝食も終わり、近くの森を散歩しようかという話になり、友人、友人の娘さん（ちょうど私の娘と同じ年頃で日本でいえば高校一年でした）、私、私の娘の四人で歩きながら、さまざまなことを脈絡もなく話していたら、なぜか話題が日独の学校生活のことになりました。娘は、日本の高校生は学校の勉強だけでなく、部活や予備校通いで毎日忙しく、夜帰宅するのは午後一〇時すぎだと話したときです。友人の娘さんは目を丸くして、「私もダンスをやったり、音楽学校でヴァイオリンを習ったりして忙しいけど、それほどじゃない。日本に生まれなくてよかったあ〜」といったのです。もちろん彼女に悪気があってこういったのではありません。ただただ率直に、自分はそんな忙しい毎日をこなしていく自信がないという気持ちを表明しただけなのでした。

　しかし、図らずも私はドイツに来るたびいつも感じてしまう日本の生活と教育に関する根本的疑問をいい当てられたような気がしました。日本では皆、教育や仕事のために人生があると思っているのではないか。本当は逆で、人生のために教育や仕事があるのではないのか。

こういえば誰でもおそらく「それはそうだ」と同意はしてくれるでしょう。しかし、自分のこれまでの人生を顧みて、「人生のために教育や仕事がある」と本当にいえるでしょうか。また、自分の子どもたちに日々要求していることを振り返ってみて、本当にそうした行動をとっているでしょうか。私自身、恥ずかしいですが、そういえる自信はありません。

この原因を個々人の人生観や思想に帰すのは乱暴でしょう。日本社会の仕組み自体が、人生の前半を教育に、後半を仕事に集中するようにできており、しかも、その合間に時間があっても消費を楽しむことで終わらせてしまうからです。

また、人生を積極的に考えられるような経済的心理的余裕のない家庭や子どもたちも多く、その意味でも個人に責任を帰すことはできないはずです。厳然として存在する社会システムという「鉄の檻」（マックス・ヴェーバー）から逃れることは個人の力では難しいのです。

しかし、ドイツも日本社会と同じように能力主義と業績主義に基づく資本主義社会です。同じ問題を根本的に抱えているはずだし、事実そうです。一見すると余裕がありそうな生活は、移民労働者に支えられており、彼らはやはり自分の人生を考える余裕などもてず、貧困や差別と戦うので精いっぱいでしょう。しかし、そうであったとしても、そうした彼らも含め、自分の生活や人生、そして家族のために仕事や教育があるという考え方は共有されているように見えます。日本同様、ままならない現実はあるにせよ、こうした人生に対する向き合い方が存在し、それが基準となって、さまざまな社会問題に関する議論が成立している、そういう印象が拭えません。この差は小さくないでしょう。

さて、この本で紹介するヴァーチャル・ミュージアム「デジタル世界図絵」は、慶應義塾大学文学部人文社会学科教育学専攻眞壁宏幹ゼミの学生たちが、自分の人生を取り戻すために行ったささやかな試みです。これまでの人生で重要で大切だったモノとの出会いや、人との関わりを象徴するモノを回想し収集しネット上で展示する。このことで、自分の人生を見つめ直し、できれば取り戻すきっかけをつかむこと。たしかにこの試みだけで社会を大きく変えることはできないでしょう。しかし、少しでも人生を積極的に生きるきっかけを見つけてほしいというささやかな希望が込められています。

人間的な生活を形成するうえで大切なモノや人との出会いを、身近な生活から見つけ出し、意味づけ、将来の生き方にベクトルを与えること。教育や仕事に振り回されるのではなく、教育と仕事を自分から意味づけること。ヴァーチャル・ミュージアム「デジタル世界図絵」はこうしたことを目指した「教育プロジェクト」なのです。

第一章　ヴァーチャル・ミュージアム「デジタル世界図絵」のコンセプト

以下では、慶應義塾大学文学部人文社会学科教育学専攻眞壁宏幹ゼミをプラットホームとして十数年にわたって学生たちが代々続けてきたヴァーチャル・ミュージアム「デジタル世界図絵」のコンセプトを紹介し、その教育（学）的意義を考えてみます。

このヴァーチャル・ミュージアムは、後述する理由からドイツ語でVirtuelles Museumと表記し、略して「ＶＭ（ファオ・エム）」といいます。現在の自分を形成した重要なモノとの関わり、人との出会いや関係を象徴するモノを、その図像（多くの場合は写真ですが、動画や絵もあります）と、その関わりを言葉で記したキャプションから構成され、総数約一〇〇点に及ぶネット上のミュージアムです。そして、このようなモノを収集・保管・展示することは、それ自体、そのモノとの関わりを他人にも勧めることを含意しているので、このミュージアムは、それがたとえ無秩序でランダムなモノの集積のように見えても、現代の人間形成に重要なモノ世界を提示するという性格をもっています。

しかし、なぜこの遊びとも取られかねない（実際、紙一重です）試みを「教育プロジェクト」

として行うのか。こうした根本的疑問が投げかけられるかもしれません。もちろん、「はじめに」で触れたことでもありますが、よりミュージアムの内実に即した形で、発端、コンセプト、収集展示の概要を説明し、この疑問に答えることにしましょう。

一　発端

このプロジェクトの直接の発端は、ベルリン・フンボルト大学教授だったミヒャエル・パーモンティエ（Michael Parmentier 1943-2018）が二〇〇五年に実施した教育プロジェクトにあります（Parmentier, 2005）。パーモンティエ教授は、モノの視覚情報、すなわち写真・短い動画・絵と、言葉による記述から構成されるネット上のミュージアムを通じて、人間形成論上重要と思われるモノ世界の代表的提示（representation）を学生たちと試みました（URL: http://www.60320ffm.de/orbis/orbisdigitalis/museum/sammlung）。

この「代表的提示」の試み、その発想と構造の点で、十七世紀の牧師・教育学者だったヨーハン・アモス・コメニウス（Johannes Amos Comenius, 1592-1670）が子どもたちの教育のために絵と文字テクストを組み合わせ作成した世界初の絵入り教科書『世界図絵』と類似していたため、この名前が冠されました。もっとも、コメニウスの『世界図絵』は当時の最新技術である活版印刷で制作されていたのに対し、パーモンティエ教授の「世界図絵」は、これも最新メディア技術ですが、インターネットを利用しているので「デジタル世界図絵」と命名されました。

一方で、決定的違いも存在します。コメニウスの『世界図絵』は、神によって創造された世界をモノの秩序として教えるという新プラトン主義の影響を受けたキリスト教思想が根底にあるため、目的論的構造を有しています。一方、「デジタル世界図絵」は、世界の目的論的性格がダーウィンとニーチェによって思想的に無効宣告されてしまっているため、始まりがあって終末がある秩序だった世界の提示ではなく、無秩序で偶然的なモノの集積にしか見えないものになっています。

これこそが我々が生きる現代という時代の性格を反映しているのであり、そうした時代に人生を形成していくことの困難さも結果として示されることになります。この意味で、「デジタル世界図絵」は強力な規範性をもった世界は提示できません。しかし、以下のような控えめでシンプルな教育的想定を期待することはできます。すなわち、先行する世代が人間形成上意義ありと思ったモノの提示は、次世代が自分の人生を形成していくうえでも何らかの意味はあるだろうという想定です。「デジタル世界図絵」は、非目的論的な我々の時代を象徴しており、モノとモノの関係に一貫した秩序構造を見つけることはできません。ここでは、次世代に何を手渡していくべきかという問題は、「回想（Erinnerung）」を通じた収集という方法のなかで徐々に明らかになっていくだろうと考えられているだけです。この意味で弱い規範性を伴う世界の提示でしかありません。

私たちは、このベルリン・フンボルト大学で開始されたプロジェクトに触発され、同じプロジェクトを日本でも実施し、できれば文化比較も行うという提案をパーモンティエ教授にもちかけました。この提案は承諾され、日本版「デジタル世界図絵」のプロジェクトが始まりました。残念なことに教授はその直後に亡くなってしまい、この国際比較は実現しませんでしたが、日本で新たな展開を見ることになりました。

二　VMと「陶冶＝自己形成」の三つの次元

このプロジェクトにさらなる疑問が寄せられるかもしれません。なぜ、人間形成上、重要と思われるモノの経験を回想し展示することが、次世代の人間形成にとっても意味があり、さらにそこには微弱かもしれないが、ある種の規範性を想定できるなどと主張できるのだろうか、と。この疑問に答えるためには、「陶冶＝自己形成（ドイツ語でいうBildung）」と「回想」の関係を、一旦VMを離れて考えてみなければなりません。

まず、今の自分がどのようなプロセスを経て今の自分に成ったのか、つまり自分のこれまでの人生を考えてみてください。そうすると、学校教育だけでなく、さまざまな場で出会ったモノや人との関わりを抜きに考えることはできないことがわかるでしょう。しかもそれは、家庭や学校や社会のルールや構造に規定されたり順応したりするだけではなく、それに反抗したり、距離を取ったり、新しく作り変えたりしながら、つまり、ズレや差異を自分のなかに作ってきているこ とがわかるはずです。さらにいえば、計画的意図的だけでなく、偶然的な出会いにも左右されてきたはずです。これを抽象的にまとめれば、構造化や必然性だけでなく脱構造化や偶然性の経験も人生という織物を形成しているのだ、ということができるでしょう。この構造化されつつ脱構造化するプロセス、諸条件・環境に規定されるだけでなくそれを規定し返すことで自己を形成していくプロセスを、ドイツ語圏では Bildung（ビルドゥング）と呼び、「陶冶＝自己形成」と訳します。

パーモンティエも『ミュージアム・エデュケーション』（二〇一二）で、「陶冶＝自己形成」はドイツの哲学や教育学の基礎概念であると述べます。これは、一見したところ、「発達」や「学習」と類似してはいますが、異なる意味で使用される概念です。たとえば、「発達」は、心身の能力の内からの展開やその成熟を意味します。「学習」は、外部からの情報獲得を意味します。

そして、どちらも心理学概念であるのに対し、「陶冶＝自己形成」は、さまざまな社会・文化環境下で起きる、「主体（I, Ich）」と「世界・他者」の関係性（意味づけ）自体の変容（transformation）」を指す、哲学的・文化科学的概念なのです。したがって、「発達」とは価値形成や文化理解という点で、「学習」とは学習主体自体の変容という点で異なるのです。

この観点からVMを見たとき、この試みは、私とモノが出会う接面で生じている「モノと私の関係性（意味づけ）」の変容を記述する点で、ミクロなレベルでの「陶冶＝自己形成」の記述と展示であることがわかっていただけるでしょう（ちなみに、このミクロな経験の連鎖を事後的に反省するとき、マクロなレベルの「陶冶＝自己形成」が生じてくることになります）。「デジタル世界図絵」は、パーモンティエも述べるように、「陶冶＝自己形成」を引き起こすきっかけとなったモノをネット上で展示し、接面で生じていた出来事・プロセスを回想し濃密に記述することを目的としているのです。

そしてこの試み自体も、制作者の「陶冶＝自己形成」を「回想」することでなされるので、制作者にとって二次的な陶冶経験といえます。二次的という意味はこういうことです。たとえば、楽器をうまく演奏できるようになったことで開かれた新しい世界と自己の関係性（意味づけ）の変容それ自体は、その時点での「陶冶＝自己形成」の経験であり、そういう意味で「一次的陶冶経験」といえます。しかし、それをVM制作中に回想し記述するとき、この「一次的陶冶経験」

は制作の時点からの反省が加えられるため、当初の意味合いとは異なった様相を呈することが予想されます。この場合、対象とする経験は同じであっても、「一次的陶冶経験」が後の人生に対してもつ意味づけが生じてしまうため、新たな様相を呈する陶冶経験といわざるを得ません。こうした意味で「二次的陶冶経験」と述べたのです。

さらに、このモノの展示がネット上の来館者の共感や気づきを誘発し、来館者自身の「回想」を促し、「陶冶＝自己形成」を引き起こすことも考えられます。それがねらいのひとつでもあるのですが、このとき、「三次的陶冶経験」を語ることができるでしょう。

このように、VMは、制作者と来館者に関わる三つの次元で生じる「陶冶＝自己形成」をテーマとする収集・展示の試みなのです。そして、先にも触れたように、ネット上で展示するという行為そのものが、私的回想にとどまることを越えて、意識するにせよしないにせよ、社会的承認を要請する行為であるので、原理的には、次世代（まだ見ぬ子どもたちや生徒たち）にとってもこの展示で登場してくるモノ世界が、人間形成上ある種の規範性を帯びたモノであることを表明していることにもなるのです。

VM「デジタル世界図絵」はトリヴィアルな思い出話なのではないことをわかっていただけたでしょうか。次世代の自己形成に、微弱な形ではあるものの、規範性を要求できるミュージアム展示であり、こうした意味で「教育プロジェクト」なのです。

三 「回想」を助ける教育学

VMの試みがどのような実践的関心のもとで行われているのかについては、ある程度理解してもらえたことでしょう。このような試みを発想する教育学についても、本章の最後に少し述べておきます。

VM自体は、先にも述べたように、パーモンティエ教授の発案に遡ります。しかし、実はそれに先行し、モノとの関わりによって少年たちが変わっていく様子を経験的に考察した教育学者がいました。一九七〇年代から一九九〇年代までドイツ教育学界を牽引し、パーモンティエ教授がフランクフルト大学の学生だった頃の先生であるクラウス・モレンハウアー（Klaus Mollenhauer, 1928-1998）です。モレンハウアーは、ゲッティンゲン大学に移った後、やはり弟子の一人のウーヴェ・ウーレンドルフと共に、犯罪に手を染めてしまった少年たちと無人島へ行き、自給自足の生活をし、モノや自然との関わりが少年たちをどう変えていくのかを観察しました。その結果、釣竿は忍耐力と集中力を、カヌーは一緒にパドルを漕ぐ仲間との協力関係を少年たちに「要請する」ことを見出します。特にそれは、モノと少年たちの自己が接面するところで生じていることを濃密かつ客観的に記述した点で、それまでにない実践であり研究になりました。ルソーが『エミール』の冒頭で述べている「自然の教育」「事物の教育」「人間の教育」のうち、「自然の教育」

と「事物の教育」を実際に試してみたものといってもよいでしょう。そして、ベルリンのパーモンティエたちのVMは、実は、この教育プロジェクトにもその発想を負っているのです。

モノと自己の「陶冶＝自己形成」経験を研究したモレンハウアーの教育学に対する考え方は、とてもユニークです。モレンハウアーの著書『忘れられた連関』によれば、教育学の根本課題は、教育に関する集団的（文化的）ならびに個人的な「回想」に働きかけること、「回想」を助けることにあるというのです。教育学は教育行為の本質へ「回想」を向かわせる反省運動を駆動させ、そこから、十分に説得的で将来的にも有望な原理を探り出すことを課題にすべきではないかと提案します（前掲書、三頁）。集団的・個人的回想を助けるためには、社会科学の研究や理論で流通している抽象的なレッテルを安易に借用したりせず、しかし、だからといって「俗悪な経験物語を産出すること」もせず、「経験」を厳密に記述し解釈することが求められます（前掲書、五－六頁）。

モレンハウアーがこうした関心のもと、重視するのが、「人生における善きことの持続」という観点です（前掲書、一三頁）。具体的には、自分たちの文化在庫を次世代に手渡すに値するかどうか、将来にわたって価値があるかどうかという点から問い直すこと、です。もっとも、教育が社会（政治や経済）のシステムに組み込まれてしまった現代において、教育は政治的経済的文脈で語られることが多く、文化的価値との取り組みのなかで論じられることは容易ではなくなっています。しかし、政治的経済的規定性をもう一度「人間性（フマニテート）」に向けて折り返し、次世代が「善きこと」に向け「陶冶＝自己形成」するチャンスを作り出すためには、教育学者と教師は文化的価値と、そしてそれが埋め込まれている大人の生活形式を再検討する必要があるというのです。

モレンハウアーは次のように述べます。「なぜ我々は子どもが生まれてほしい、生きてほしいと望むのか」（前掲書、一三頁）、これが教育者、教育学者にとっての第一の問い（後発的であったとしても）であり、おそらくその答えはこうだといいます。「私が、私の人生のなかのこの（おそらくは非常に数少ない）「善きこと」が持続するようにと望むからである。ここには三つのことが想定されている。人類は続かねばならないということ（中略）、私は他者のなかに生き続ける（ほんの一部分であれ、あるいは独特な異化をこうむった上ではあれ）ということ、私は、私が子どもに提案する生活形式が、少なくともその部分部分をとってみれば子どもの同意を得ることができるものと仮定している、ということ。」（前掲書、一三頁）。

繰り返しますが、教育学の第一の課題は、前の世代が生活のなかで子どもたちに提示してみせる文化在庫の価値を問い直してみることです。その上で、それが子どもの「陶冶＝自己形成」にとって有益であるかどうかが問われねばならないのです。

このように教育学の課題を捉えたとき、教育学は、社会学や心理学、自然科学の理論や解釈枠組みにしたがって教育現実を分析するだけでは不十分なことがわかってきます（とても重要ではありますが）。「教育を支える基盤」としての文化的営みを再検討すること、そのためには、一人一人が自らの文化と反省的に取り組むことが何より求められます。

こうした点からVMを見ると、このモレンハウアーによって提示された教育学の課題に答えようとする試みであることがわかるでしょう。VMは、回想という手法を用いて、生活のなかに次世代の自己形成に有益で意味があると思われる文化的営みを発見し、モノと自己の接面で起きている事態を濃密に記述します。そのことで、先の三つの次元におけるミクロな「陶冶＝自己形成」を引き起こすことを目指すのです。こうした教育学理解において、VMは「教育プロジェクト」なのです。

第二章 「デジタル世界図絵」の制作——収集と展示の原理

本章ではＶＭを制作する上でどのようなモノが収集され、展示されるべきか、その原理をパーモンティエ教授の論文に基づきながら示してみましょう。

一 何を収集するのか

まず何よりもさまざまな意味で「陶冶＝自己形成」を促した事物が収集されねばなりません。先にも述べたように、この「陶冶＝自己形成」はドイツ教育学でビルドゥング（Bildung）といわれ、知識や技能の獲得や蓄積、すなわち学習や、心身能力の「発達」から区別され、文化習得する主体自身の変容、世界の意味づけ自体の変化を指すといわれます（Koller, 2011, S. 15ff.）。この意味で、ビルドゥングは、ヨーロッパの人文主義の伝統、すなわち「魂の耕作（cultura animi）」（キケロ）と、キリスト教にみられる「神の像」への接近という信仰生活にその起源をもつといえるでしょう。

しかし、伝統的にビルドゥングが古典語と古典テクストとの取り組みを強調するのに対して、このミュージアムではモノの物質性に特別の注意が注がれています。この違いは大きいといえるでしょう。では、なぜモノを重視するのでしょうか。それは、「陶冶＝自己形成」が常に何らかの意味でモノとの出会いによって始まるからです。たとえば、古典的テクストであっても、書物という独特の雰囲気をたたえたモノに触れながら読み始めることを思い出してください（イタリアのルネサンス期の代表的人文学者ペトラルカはキケロの文章の意味を理解する前に、その音の美しさに魅了され、古典研究に入ったといわれています）。精神的な内容との取り組みは、その内容を伝えるメディアの物質性と格闘するなかで進行するものです（Nohl, 2011）。

さらに、なぜモノの物質性にこだわるかといえば、従来のビルドゥングの思想では古典的教養を重視するため、どうしてもその対象がある特定の社会階層に親和的な知的教養財に限定されがちだからです。こうした高級文化にいろいろな意味でアクセスが難しい一般庶民の場合、ビルドゥングが語れなくなってしまいます。しかし、教育が一部の人の贅沢品ではなくなった民主主義社会の現代においては、文化習得のなかで展開される自己形成運動としてビルドゥングを語るには、その範囲を拡大する必要があると考えられます。先のモレンハウアーのいい方を借りると、文化において次世代に伝える価値のある生活形式、たとえばそれは食や衣服や住まいなどに関わるものかもしれません。これも十分ビルドゥングの対象になるはずですし、そうでなければなりません。高級文化（いわゆる高尚な芸術、深遠な哲学、素晴らしい文体の文学、高度な学問など）だけではなく、普通の生活に近い文化活動も射程に入れる必要があると考えられます。そういう意味で、「精神的」なものだけでなく、身体が関わる物質的なレベルがやはり重要になってくるのです。

こういうわけで、VMは「陶治＝自己形成」を促したモノを生活一般から収集することになります。しかし、これだけでは、収集の原理としては心許ないものがあります。実際、眞壁ゼミの新三年生がこのプロジェクトに参加し始めたときは、何を集めたらいいのか、途方に暮れるようです。そこで、パーモンティエ教授が提案している三つの収集のための基準を紹介します。

まず、パーモンティエ教授はモノ経験を次の三つに分類しています。

まず、知覚価値が際立つモノ経験。これは、何か感性に強く訴えかけるモノと出会い、心を動かされた経験が当てはまるでしょう。たとえば、教会に鳴り響くパイプオルガンの響きだったり、白い和紙に落とされた筆の墨の鮮烈さだったり、初夏の森を散歩したときに感じた新緑の香りだったり、運動会のためにお母さんが作ってくれたお弁当の美味しさだったりするかもしれません。この経験ではモノの感性的・美的価値にフォーカスが当てられます。

第二のモノ経験は、モノが何かの道具として使用される経験です。これは想像しやすいかもしれません。たとえば、ラグビー・ボールの扱い方だとか、ヴァイオリンの弓の弾き方とか、包丁やミシンの扱い方とか、この種の経験は無限にありそうです。そのなかでも、新しい世界と自分を切り開いてくれたモノ経験が重要になります。この経験ではモノの使用価値がフォーカスされます。

そして最後、三番目としてパーモンティエは、モノをコミュニケーション媒体として経験することを挙げています。これは、あるモノが感性的価値に照準を当てられているのでもなく、使用価値に当てられているのでもなく、人間関係を円滑に進めるために使われる、そのような象徴的価値の経験です。ある願いを込めた贈物としてモノが使われる場合などがそうです。たとえば、花束を人に贈るとき、それは単に美しいから（感性的・美的価値）という理由で贈るのではありません。何かの願い、たとえば愛であったり、惜別だったり、感謝だったりするでしょう、そうした願いを象徴するものとして贈るのです。この場合の花束はコミュニケーション媒体、象徴的媒体として用いられています。こういう観点から見ると、人間はモノにいろいろな思いを込めてやりとりし合っていることがわかります。ここでは、モノのコミュニケーション価値ないしは象徴的価値に照準が合わされています。

パーモンティエはモノ経験を以上の三つに分類します。

しかし、考えてみると、もうひとつモノ経験があるかもしれません。それはモノの交換価値に照準を合わせた経験です。これはあるモノが別なモノと等価として交換可能かどうかという経済的関心のもとでなされる経験です。おそらく、パーモンティエはこのモノ経験は人間形成論的にみて別のタイプのモノ経験であることから、ＶＭで展示されるモノから外したと推測されます。私もこの交換価値に基づくモノ経験は、収集する基準に含めないことにします。また、第三のコミュニケーション価値ないしは象徴的価値の場合も、それが富や権力の象徴としてみなされる経験もあることから、この場合も人間形成論的に意義のある象徴的価値経験を引き起こしたモノのみを採用します。

さて、パーモンティエのモノ経験の分類に基づき、何を収集すべきか、その基準を示してみました。少しは明確になってきたのではないでしょうか。しかし、注意してほしいのは、あるモノが三つの基準のどれかにしか当てはまらないということはないということです。三つの基準すべてに当てはまるモノ経験もあるからです。たとえば、日本人が食事の日常で切っても切れない関係にある「箸」を考えてみましょう。これは小さいとき、扱いに苦労し、なんとかうまく使いこなせるようになるツールですが、この経験は使用価値だけで語られるモノではありません。人生の節目節目で贈物（「祝い箸」）として人と人をつなぐコミュニケーション価値も込められて扱われ、健やかな成長や夫婦円満などの願いを込め、象徴的なモノとしても経験されます。さらに、「箸」は食事の道具として使えさえすればいいというものではありません。「箸」自体の美しさもありますが、それを使った所作の美しさも日常ではよく話題になります。すなわち、感性的・美的価値を伴う経験も引き起こすモノなのです。「箸」はこうした三つのレベルで新しい世界と自分を切り開き、ナイフとフォークでは可能でなかった料理文化や美的感性、さらには「箸」をそれぞれがもつということから生まれる独特な家族関係を生み出していくプラティック（習慣的行為）を支えるモノになるのです。

ＶＭでは、以上いずれかの意味で、ないしはすべての意味で、「陶冶＝自己形成」を引き起こすきっかけとなったモノが回想され、収集されるべきなのです。

二　どのように記述すべきか

リアル・ミュージアムでも、展示物には多くの場合、文字量の多寡はあっても、キャプションがついています。このＶＭもミュージアムですから、モノの図像は重要ですが、そのモノが引き起こした陶冶の経験を説明する記述も同様に重要です。では、収集されたモノにどのような記述を合わせたらよいのでしょうか。

パーモンティエ教授はモノを記述するための基準をやはり三つ示しています（パーモンティエ、二〇一二）。これは先の収集の基準とも重なっています。すなわち、モノが引き起こした印象深い経験を、その知覚作用の特質、道具的機能の特質、コミュニケーション上の意義などに注意して記述すること、これがまず求められます。

しかし、我々はこれを受け、さらに以下のような四つの記述の指標を考えました。

第一に、展示されるモノに関して、自己とそのモノの接面で生じている出来事が繊細かつ濃密に記述されなければなりません。これは、モノと感覚器官のあいだでなされる感性レベルの交流に敏感かつ反省的でいなければならないことを意味します。すなわち、どのようにそのモノは見られ、聞かれ、嗅がれ、触られるのか、これが記述されねばならないのです。

第二に、モノが道具であるならば、その機能や作用、それに対する身体の反応が記述されなければなりません。記述で重要な点は、事物のどんな機能や作用がどんな身体の反応を引き起こしたかです。先の例をもう一度挙げれば、日本人は、茶碗からご飯を食べるために「箸」の使い方を学ぶ必要がありますが、これはフォークとスプーンを使うことと異なる経験であり、異なる身体技法をもたらします。この違いを意識しつつ緻密な記述がなされねばなりません。

学問的にいえば、この第一および第二の基準は、学生たちに現象学的記述を試みることを要求します。現象学的記述とはどういうものか。第一章でも紹介したモレンハウアーとウーレンドルフ（Mollenhauer/Uhlendorff, 1992）の研究から、そうした記述の例を、少々長くなりますが、紹介してみましょう。カヌーについて述べた文章です。

「他人に頼らざるをえない状況が身にしみて感じられるのは、激しい流れのなかでカヌーを接岸しようといっしょに試みる場合をおいてほかにはない。流れが急になる直前とか、なにかから身を守らねばならない場合である。『われわれはみな運命をともにしている（同じボートに乗り合わせている）』という比喩は、慎重を要する状況に直面したとき、自分を抑え共通の目標に向かって方向転換することを要求するものと考えられるが、こういう表現をとるのも理由があるからなのだ。すなわち、カヌーを操る場合、関心の方向がバラバラだと、事情によっては、当事者が濡れてしまう結果をもたらす。パドルを漕ぐとき、これは、動作をそのつど相手の動作に同調させることが重要になる。単にカヌーの航路を維持するためにも、同じリズム、同じ強さのパドリングが必要となるのだ。

乗船しているとき、自分のほうが強いと自他に示すことは重要ではない。もしそうなったとしたら、競争心や対抗心は結局のところ、どんな場合でも堂々巡りへと導くことにしかならないだろう。重要なのは、両者の力のバランスであり、自分の動きをパートナーの動きに同調させることである。前へ進むため必要なことは、最大限の力を投入することではない。自分の努力を相手の力の投入や現場の自然条件と正しい関係へもたらすこと、それも身体的に経験される操縦上の問題に直面したとき、このことを行うことなのである。」（Mollenhauer/

Uhlendorff, 1992, S. 121ff. より筆者訳出）

どうでしょう。このような記述は、おそらく学生たちがこれまでの学校教育では経験したことのないものでしょうから、大変困難を感じる可能性があります。しかし、難題ではありますが、感性経験を回想・観察し、それを言葉に移す訓練から得るものは少なくないでしょう。それは、自分の主体の輪郭を身体レベルから切り出すことに通じるからです。こうした意味でもＶＭは「教育プロジェクト」なのです。

第三に、展示されるモノの象徴的な意味も記述されねばなりません。たとえば、日本の家庭では一人一人自分の「箸」をもちます。父親の重く大きな箸は、尊敬の感情の交じった個人的思い出が刻まれているかもしれません。もしそうであるとすると、記述はおそらく自伝的形式をとることになるでしょう。

最後、四番目の基準は、モノの象徴的な意味は単に個人的経験や思い出に還元されるだけでなく、社会の集合的記憶や歴史にも根ざしていることから、ＶＭの記述はモノの歴史学的ないしは民俗学的な記述になる可能性がある、ということです。

どんなモノにもこの第三、第四の基準を適用する必要はありませんが、キャプションは、個人的記憶に基づくナラティヴ的なものになったり、歴史学的民俗学的な客観的記述になったりする可能性があることは常に頭に入れておくべきです。

以上をまとめると、キャプションは、接面における感性レベルの私とモノの交流や、モノがもつ特別な機能への身体的精神的反応を記述することが必ず求められ、さらに個人的記憶や、時にはモノの集団的記憶を民俗誌的文化史的記述をとって現れることもある、ということになります。

モノには、いわば、歴史的文化的個人的意味や記憶が「折り畳まれて」いるのです。そして、そのモノを道具として適切に使用したり感受したりするためには、もしくは、そのコミュニケーション的象徴的意味を正しく理解するためには、どのようにそのモノが「折り畳まれて」いるのかを理解しなければなりません。この観点からすると、VMの試みは、その「折り畳まれた」モノの「折り目」を開く試みだともいえます。

三　どのように展示されるべきか

次に、モノはどのように展示されるべきかを考えてみましょう。

実際のミュージアムでは、来館者は展示物を通して、歴史や自然や芸術に関する知識を得たり、非日常的な反省経験をしたりします。その際、どのようにモノが展示されているかは大変重要な問題です。そしてこの問題への回答は、ミュージアムのタイプによって違ってきます（パーモンティエ、二〇二一、一六三頁以下参照）。

たとえば、歴史博物館で重要なのは、モノを集合的歴史の証拠、もしくは歴史的出来事を体験した当事者のかけがえのない痕跡として展示することです。換言すれば、歴史博物館のモノは、歴史的に重要な出来事の「ドキュメント」として展示されるべきだということになります。科学博物館では、展示物は自然現象の「模型」ないしは「サンプル」として展示されることが重要になってきます。すなわち、どちらも、ある事態や出来事、現象や事物の「例示（exemplification）」という展示原理にまとめられます。

同じミュージアムでも、美術館は特殊です。ここではモノ（絵画、彫刻、インスタレーションなど）は、それがもつ表現性やテクスチャーや配置を利用しながら「何ものか（something）」の「隠喩（metaphor）」として展示されます。そして多くの場合、この「何ものか」が明らかではなく想像力をかき立てるのです。美術館は、歴史博物館や科学博物館と同様、ミュージアムであり、社会教育施設ではありますが、その展示の仕方はあとの二者とかなり異なっているのです。そこでは、作家の意図を尊重しつつも、来館者の想像力を刺激し、作品が何を示しているのかを自由に探究させるような展示が求められます。そのため、モノの表現的側面や物質的テクスチャーに注意がいくような展示、たとえば室内にあまり多くの作品を置かないホワイト・キューブ空間を作り出すとか、適切な照明とか、現代美術の手法としてよくみかける反復と集積を強調するような展示などが用いられるのです。

では、人間形成をテーマとする教育ミュージアムであるVMの場合はどうでしょうか。モノを何かの事象の明確な例示・証拠として展示するのか、想像力を刺激するメタファーとして展示するのか。現存する学校ミュージアムの場合ですと、歴史博物館のように、展示品はある出来事や事実のドキュメントや証拠として展示されることが多いようです。ある時代の通信簿とか、制服とか、机と椅子を使った教室の再現とか。しかし、VMの場合、その目的は学校ミュージアムとは異なります。先にも述べたように、制作者や来館者の回想に訴え、展示を通じて新しい陶冶経験を促すことを目的としています。ですから、そのような効果が期待できる展示でなければなりません。すなわち、モノの客観的側面（モノの知覚的道具的機能）と主観的側面（主体の感性的身体的心的側面）の接面で起こっている部分に着目するので、歴史博物館と科学博物館の原理である「例示」と美術館の原理である「隠喩」の二つをうまく織り合わせるような展示、すなわち、「客観的な展示（objective display）」と「想像力触発型の展示（imaginative display）」を併用し、うまく組み合わせることが必要になってきます。具体的には、集合的歴史や習俗や個人の自伝的事実をモノによって示す方式と、美術館のように想像力を掻き立てるアーティスティックな方式を統合する必要があります。ここではモノは事実のドキュメントでありながら、何かをメタファーとして指し示すモノとして展示されることになります。

しかし、そんな展示はありうるのでしょうか。たとえば、私は、ドイツ・ハーゲンのオストハウス美術館にある展示室全体が作品であるジークリット・ジグルドソンの「静寂を前に」（図2－1）や、ノイケルン郷土博物館（ベルリン）のモノによる地域史の試みである「Neukölln×99」、

図 2-1 「静寂を前に」
出典：筆者撮影。

図 2-2 無言館
出典：筆者撮影。

上田市（長野県）にある戦没画学生の作品と遺品を集めた無言館（図2－2）の展示に見られる方式を思い浮かべます。これらの展示に共通するのは、戦争やある町の歴史を、客観的事実の痕跡、事象の例示である事物を使って展示しながらも、同時に、戦争の悲惨さや移民の多かった地区の歴史へと思いを馳せることを可能にする点です。こうした展示によって、来館者は知識学習にとどまらない、主体の変換が促される可能性が生じてくるのです。

ＶＭはネット上のミュージアムなので、こうしたリアル・ミュージアムに比べ、二つの展示方式の統合や膨大なアーカイヴ構築が容易かもしれません。インターネットからフリー素材のさまざまな種類の視覚イメージを使用することができますし、ある程度のウェブ・スキルを習得すれば、仮想空間のデザインも自由にできます。収集された視覚イメージを複合的でアーティスティックに結合することでこのＶＭは魅力的になる可能性もあります。

もちろん、ＶＭにも欠点は存在します。このミュージアムは実物をもたないので、展示にはリアルさ、すなわち音、匂い、触感が欠けています。しかし、このことは、ほかのタイプのミュージアム、すなわち歴史博物館、科学博物館、美術館の場合とは違って、致命的欠点にはならないでしょう。なぜなら、ここでは事物を直接経験することよりも、過去の事物との経験を回想し、反省することを促し、陶冶運動を促すことが目的だからです。

四　どのように「回想」を触発するか

さて、ＶＭを制作するために必要な事柄、モノの選択基準、キャプション記述の基準、そして展示の原理を考えてきました。これで、学生たちは自らの人生を回想し、自分を大きく変えた経験をモノに託して述べられるようになれるかというと、実はそう簡単ではありません。毎年のことですが、何も手がかりのないなかで、自由に「回想」すること自体が難しいからです。そのためには工夫というか、仕掛けが必要です。

まず、テーマ（たとえば、「学校」とか、「家庭」とか）を設定してみること。この具体的な場所に限定することで「回想」が始まることがあります。また、その回想を共有することがたやすくなります。テーマ設定は、しかし、何も具体的な場所ばかりではありません。人間の「陶冶＝自己形成」を考えるのですから、「人間の条件」として認められる行為や活動、人間形成を駆動させるもの（たとえば「憧れ」）などを、それを表す動詞（歩く、描く、歌う、書く、計算する、読む、料理する、住む、着る、憧れる、飾るなど）に注目してテーマ設定してもいいでしょう。いずれにしても、テーマをモノ収集時の緩やかな指標とすることで、回想を促す効果はあるようです。

二つ目は、芸術的手法を研究に活用するアート・ベースト・リサーチ（Art-Based-Research）のひとつ、アートグラフィ（後述）が開発した「感性的探索」を用いることです。たとえば、その日本での代表的実践者である笠原広一の例を挙げれば、夜のキャンパスを歩いてみる"Night Walk"や、目的もなく東京を歩く"Tokyo Walk"、あえて数秒で絵を描いてみる"超速画"、雨上がりの風景で気になったものを撮影する"雨上がりの探求"などです。展示デザインの分野で行われている「デザインプローブ」ないしは「インストゥルメント」といわれる手法もあります。たとえば、ろうそくで鑑賞する、作品の部分を写真で切り取り紹介する、などです。さらに、街を「フラヌール（遊歩）」（ベンヤミン）するのもいいでしょう。

また、少々話が大きくなってしまい、かつ唐突に響くかもしれませんが、昔から「巡礼」といわれていた聖地を巡る旅なども、回想を促す手法として改めて注目していいでしょう。四国札所、スペインのカミーノ・デ・サンティアーゴ、熊野古道（笠原も行っています）や出羽三山修験道の巡礼の旅など。長い距離を何日も歩きながら自分と向き合うことで、自然に回想は促されるはずです。

すぐには実施できないものも含め紹介してみました。すべて、日常を異化すること、日常から離脱する試みである点で共通します。主体が習慣的な知覚モードから脱し、自然や世界を積極的に受容するモード（これを私は「積極的受動態」と呼んでいます）に入って、回想を促す手法なのです。日常ではモノをある概念のもとに包摂し理解し利用したりしますが、非日常の時空間を設定したり仕掛けたりすることで、気づかなかったモノの感性的側面や無意識に眠っていたモノをめぐる過去の経験が回想されたり気づかされたりします。自由になりすぎる探索行為にあえて制限をかけることで逆に自由な発想が生み出されるのです。

そして、最後に重要なことは、回想された自分の過去のモノ経験を（これは私的回想の段階）、制作者コミュニティで共有することです。これによって、さらなる「回想」が促されることになるでしょうし、私的回想に含まれていたモノ経験の普遍的価値も確認されることになります。

こうしてモノは発見されていくのです。

第三章 「デジタル世界図絵」の学生たちの展示
——これまでのVMとこれからのVM

では、二〇一三年から始めたヴァーチャル・ミュージアム「デジタル世界図絵」(以下、VM)を具体的に紹介しましょう。しかし、最初に断っておかねばなりませんが、それぞれの年度で制作されたVMは基本的にはその年度で完結する、いわゆる「企画展」ないしは「特別展」です。それらを貫く緩やかな統一はありますが、年度によってテーマや展示方法が異なるため、VM全体でみると企画展・特別展の集合体でしかないようにみえます。しかし、各年度の自主性を尊重するがゆえに、あえて強い統一を作り出さなかったということは強調しておきたいと思います。

また、すべての展示を本書でお見せできないこともあらかじめお断りしておかねばなりません。本体はインターネット上にありますし、個人情報保護の問題もあって、一部の年度を除くと、パスワードがかかり、眞壁ゼミとその卒業生しかアクセスできません。また、インターネットでの閲覧の仕方と紙媒体での閲覧の仕方にはかなり大きな違いがあるため、前者を前提に制作したVMを逐一、紙媒体で紹介すると、まず量的に膨大なものになってしまいますし、紙媒体がもつ線状性によってVMの本来の性格が損なわれてしまうからです。

ここでは、各年度の企画展テーマといくつかの展示品、展示方法上の工夫や陶冶論的考察に的を絞って紹介するだけにします。

一 「食卓」展——二〇一三年度ＶＭ（図３－１：スタート画面）

この年度は初めてネット上でＶＭを制作することにした記念すべき年度です。したがって、テーマや展示品だけでなく、スタート画面をどうするか、構成をどうするかという技術的問題も含め、すべて一から考えねばならず、特にＶＭのウェブデザイン係にはかなりの時間と労力を費やしてもらいました。筆者は、第一章で書いたようなＶＭのコンセプトを示しただけで、毎回のミーティングには参加しましたが、基本的にはすべてゼミの学生たちが作り上げたものです。そして、この年度のＶＭはその後のＶＭ制作の基準となっていきます。その意味でも記念碑的な展示です。

企画展テーマは「食卓」。家族が一堂に会し、「食べる」という生きる上で必須な行為を共同で行いながら、コミュニケーションもするという、家族のあり方が象徴的に出やすい場で、自分たちはどういうモノと出会い、どう関わり、どう成長してきたのか。これがテーマでした。

展示物はそれほど多くはありません。ダイニング・テーブル、茶碗、箸、スプーン、包丁、弁

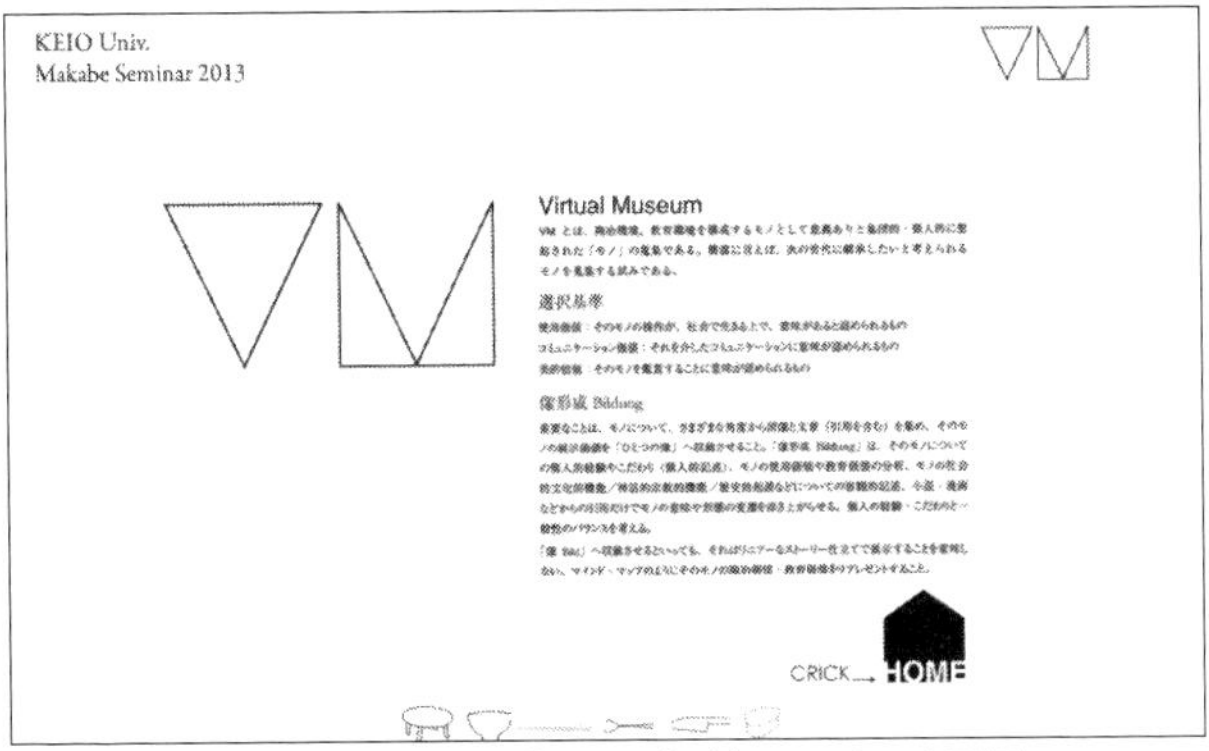

図 3-1　「食卓」展（2013 年度）のスタート画面

当箱の六点にとどまりました。しかし、ひとつひとつについて、道具としての機能と身体の対応関係の記述（たとえば、包丁の使い方）、そこに折り込まれたマナーや美意識（たとえば、箸の扱い）、それに関する個人史的回想、家族へのインタヴュー、文化史的記述（なぜ「茶碗」というのかなど）や文化人類学的比較（各国の弁当比較）など、集団的回想・考察も多く盛り込まれました。自分の経験だけではなく、他者の経験や集団的回想や他文化比較も含まれ、内容の密な展示になりました。

　展示の見せ方自体は、少々ぎこちなさを感じさせる部分もありますが、最初の画面のＶＭのロゴなどは、シンプルかつサイトに入ってみようとする意欲を掻き立てるデザイン性溢れたものになりました。しかし、それぞれの展示品のグループごとに制作したメンバーが異なるため、デザイン上の統一（これは今日まで課題のままですが）が欠けたことは少々残念でした。

KEIO Univ.
Makabe Seminar 2013
HOME は家庭空間にあるモノの展示スペースです。
陶冶という観点から
茶碗にまつわる体験談
茶碗の歴史
茶碗の概要
BACK
おわりに～陶冶という観点から
日本人はあまり米を食べなくなったと言われているが、それでも日本の主食である米を盛る器として茶碗は食卓に欠かせない。"自分のもの"という事がはっきりしているというのは、興味深い特徴である。たいていの食器は、同じ形、大きさをしており、それが誰のものであるのという区別はない。しかしながら、茶碗は家族の中での立場、年齢などによって大きさや色が異なり、「自分専用」の茶碗が用意される。「夫婦茶碗」は家族関係を示す茶碗の好例と言えるであろう。
そして、子どもが成長するにつれてプラスチック製のものから「茶碗」へと変わり、そのサイズも大きくなっていく。茶碗は私たちの成長とともにあるのだ。
お茶碗は主食である米を盛る器というだけでなく、その家族の関係性や成長を映し出す。
トップページへ

図 3-2 「食卓」展の展開例

具体的な展示をいくつかご覧いただきましょう（図3－2）。

いかがでしたか。この年度の制作者たちは、この「食卓」のモノの展示を通じて、生活の細部、特に共に食べるという基本行為に関わってくるモノには、その機能上の意味があるだけでなく、両親の願いが込められていたり、コミュニケーション媒体として象徴的意味が込められていたり、マナーの歴史的伝承がなされていたり、意味が多層に折り畳まれていることを発見したようです。そして、そのなかで自分たちはモノを通じてある特定の家族像を刻印されながらも（文明化、社会化）、それを捉え直すことで差異化しながら自分（たち）のスタンスを形成していった（差異化した）ことにも気づいたことでしょう。また、モノの回想を通じて自分を振り返るという二次的陶冶の経験もなされました。

二　「ホーム―Play, Can, Stay―」展――二〇一四年度VM（図3－3）

この年度は、前年度の方向性を引き継ぎながら、自分が育った場である「ホーム」をテーマに定めました（図3－4上段）。しかし、テーマを広げることで収集するモノがあまりにも膨大になってしまうことが予想されたため、限定を加える意味でサブタイトルを「Play, Can, Stay」としたようです。つまり家で出会ったモノのなかで、「遊び Play」に使われたモノ、「技能 Can」習得の

Virtual Museum、縮めてVM——
その中でも私たちの試み「デジタル世界図絵」は、陶冶・教育をもたらす環境を構成するものとして有意義と認められた（集団的に・個人的に想起された）「モノ」の蒐集。すなわち、次世代へと継承したいと望まれる「モノ」のコレクションである。
Virtual Museum. We abbreviate it to "VM."
We, in this VM project "Orbis Pictus Digitalis," have been gathering seemingly valuable objects considered to compose environments bringing about education and Bildung in them whether regarded so personally or popularly. Our VM is all centered on collection of objects we desire to hand down to the coming genaration.
どんな「モノ」を展示するか
The criteria for the selection of objects

図 3-3 「ホーム」展（2014 年度）のスタート画面

対象となったモノ、「居心地 Stay」を構成する基本的なモノに限定しようとしたのです。そうして収集されたモノは、それほど数は多くなく、Play では「人形」、Can では「えんぴつ、自転車、楽器」、Stay では「鍵」と「灯り」となりましたが、ここでもインターネットの特性（自由に）を利用して、さまざまな観点からフリー素材の画像収集や、イラストによってモノの展示が試みられました。

たとえば、「人形」（図3‐4中段）では、個人史的回想や家族へのインタヴューはもちろん、発達心理学の知見に基づきながら人形や人形を使った遊びが子どもの心理発達（「心の理論」）に与える影響、そして文化史や民族学の知見に基づき「人形」に込めた人類・日本人の想いなども振り返られました。この意味で、前年度同様、モノの個人的回想だけではなく、集団的に形成された意味や役割の回想も展示に生かされたの

図 3-4 「ホーム」展の展開例

です。また、Stay（居心地）を演出するものとしての「灯り」がもつ多義的な意味が自らの体験や思想史に則して探究されています。

この年度のVMの展示上の工夫として挙げられるのは、英語対応のキャプションが制作されたことです。これは、まだ実現していませんが、VMを世界に向けて公開し、比較研究するための準備となるでしょう。

さて、こうして展示を行った結果、どういう考察に至ったのでしょうか。これはもちろん、それぞれのモノの展示に則して示されており、結論としてまとめられているのではないのですが、展示を鑑賞して筆者がまとめてみると、次のようにいえると思います。

モノは、「人形」に典型的に観察できるように、Play（遊び）のなかでフィクションを演出したり、分身の姿をとったりする媒体として、子どもの「心の理論」を促進し、社会的関係性を促す媒体となること、Can（技能）の対象たるモノ（自転車や楽器）は、モノの身体化を通して世界を広げてくれること、つまり別な空間的文化的世界へのアクセスを可能にしてくれること、そしてStay（居心地）に関わるモノは、「鍵」や「灯り」の例に見られるように（図3-4下段）、それらの実用的な機能だけではなく、内と外の境界づけや越境、保護や安心、信頼と責任の象徴としても経験されていることを発見しています。私たちはモノによって、目には見えない精神的な価値、象徴的な意味が伝達されたり、展開されたりしているのです。

三　「モノで語る自分史」展――二〇一五年度ＶＭ（図３－５）

この年度は特定の場を企画展のテーマに選びませんでした。自分の過去に焦点を当てて、自分史をモノで語ってみよう、そこから一般的意義があるモノとの関わりを考察しようという方向性で始められました。ですから、このミュージアムのフロア案内によると（図３－６上段）、展示はゼミ生の数だけ作られ、それぞれブースをもち個人展を展開しています。そこでは年表形式で自分史が紹介されていますが、歴史博物館などでの人物紹介や美術館での作家紹介とは異なって、節目節目で出会い自分に影響を与えたモノが登場します。この点が二〇一五年度のＶＭの特徴です。

さらに、全部で十一のブースから成るこの部屋の横には、「ミュージアム Café」が作られ、そこを訪れると、本棚が現れます（図３－６中段）。そこには背表紙に「憧れ」などと記された本が何冊か見えます。これは、個展で触れられていたモノがなぜ陶冶＝自己形成的に重要だったのかを振り返り、それを端的に表現するワードなのです。この背表紙をクリックすると、個展で触れられたモノがいくつか現れ、そのキーワードのもとにこのモノと自分との関わりが語られる、という仕組みです。このことで、このＶＭが単なる思い出話に終わらずに、陶冶＝自己形成的な一般性をもつ展示になったといえます。

図 3-5 「モノで語る自分史」展（2015 年度）のスタート画面

収集されたものをランダムに見ていくと、ここにはとても多くのモノが集められています。水槽、図鑑、お弁当箱、フランス語の本、カメラ、服、剣道の防具、化粧道具、筆、万年筆、本、楽譜、ハサミ、カッターナイフ、野球のバットとグローブ、ヴァイオリン、ゲーム機……。

Caféでの考察に戻ると、文化にアクセスするとはモノを身体化すること（たとえばバットやグローブ、ヴァイオリン）にほかならず、コミュニケーションとは必ず何か具体的なモノを媒介になされること（たとえば弁当を通した母娘の暗黙のコミュニケーション）、個性化や個性演出にもやはりモノが介在していること（たとえばお化粧）、といったことがわかってきます（図3－6下段）。さらに、陶冶＝自己形成を駆動させる要因が、モノへの「憧れ」であること、これを実現するにはモノを扱う「身体技法」として

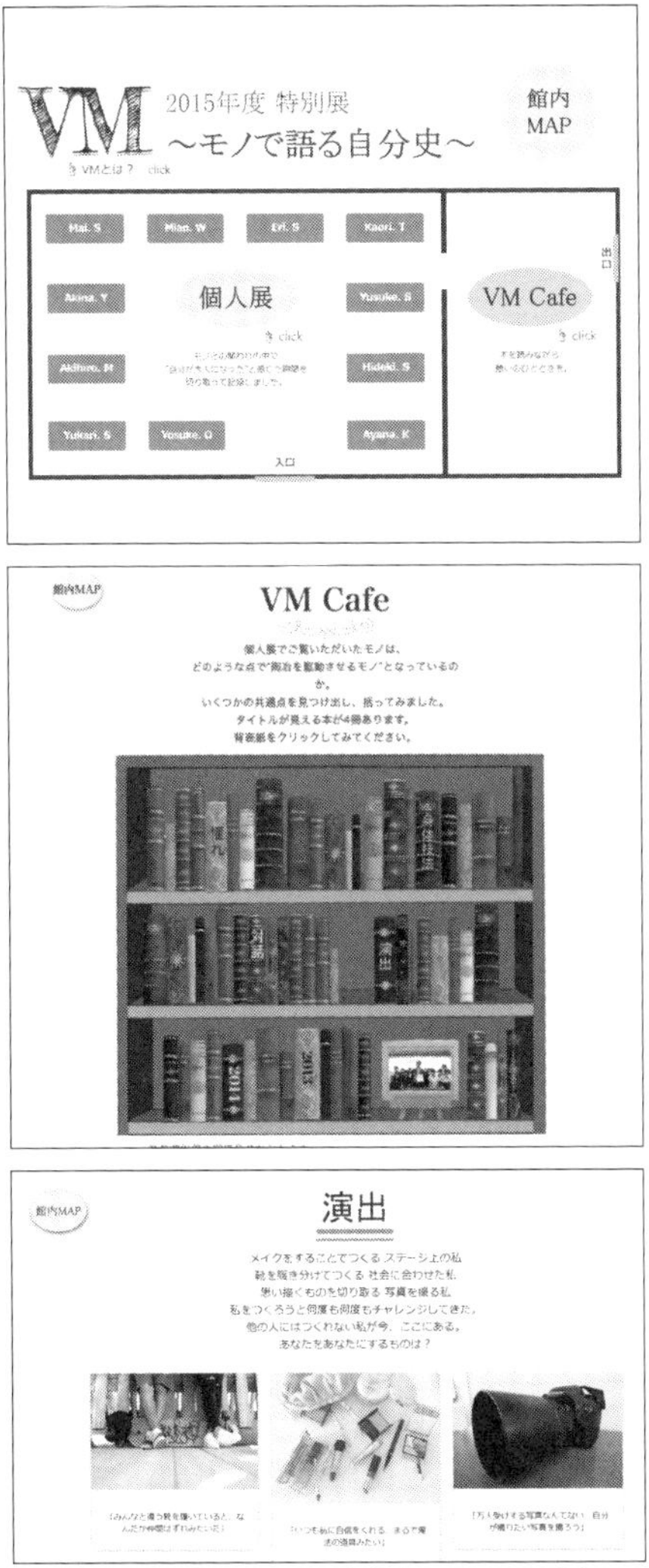

図 3-6 「モノで語る自分史」展の展開例

の文化を取得しなければならないこと、そして個性化とはこの「身体技法」を自分なりに使用することで始まることもわかってきます。このプロセスを経て「生きていく自信」が生まれること、人と人をつなぐときにモノが重要であること、こうしたことも確認されました。

四 「学校」展――二〇一六年度VM（図3－7）

この年度の制作者たちは、再び企画展のテーマを「場」に定めます。しかも、家庭と並んで教育と人間形成の核にあたる「学校」としました。どんな展示になるのでしょうか。

展示の工夫としてまず挙げられるのは、ミュージアムのフロア案内が「学校参観のお知らせ」になっているところです（図3－8上段）。一時間目から六時間目までいろいろな教科がなされている教室を訪ねることができます。閲覧者を引き込もうという努力が見られます。

一時間目の国語の教室をクリックしてみましょう（図3－8中段）。そうすると、教室がイラストで描かれ、机の上にいろいろなモノが置かれている場面が出現します。筆箱やランドセル（図3－8下段）、学級日誌、机などです。そのひとつをクリックすると、国語辞書のような字義説明の体裁をとった簡潔なモノの記述がなされています。さらにその下を見ると、そのモノについての親子の会話がいくつも登場します。モノについての回想を通して、世代間の一致やズレが確

図 3-7 「学校」展（2016 年度）のスタート画面

認できるようになっています。世代や時代によるモノとの関わりの変化や共通性がわかる仕組みになっているのです。

展示物を列挙してみましょう。前述のモノのほかに教科書、メトロノーム、楽器、体操服、体操器具、給食、糸ノコギリ、制服、通知表、上履き……。いずれの展示物でも、それぞれ国語辞書的な体裁をとってその意義が記述され、これらに関する回想がインタヴュー形式で展示されています。

「学校」という、ある意味では人間形成を考える上であまりにも正道をいくテーマだったため、発見は少ないのではないかと思われましたが、それでも学校教育学的考察ではなく、人生にとってどういう意味があるのかという陶冶＝自己形成論的考察を行うことで、それぞれの学校のモノがもつ両義性を炙り出した記述もありました。

しかし、もう少し社会学的考察も交えることで、たとえ

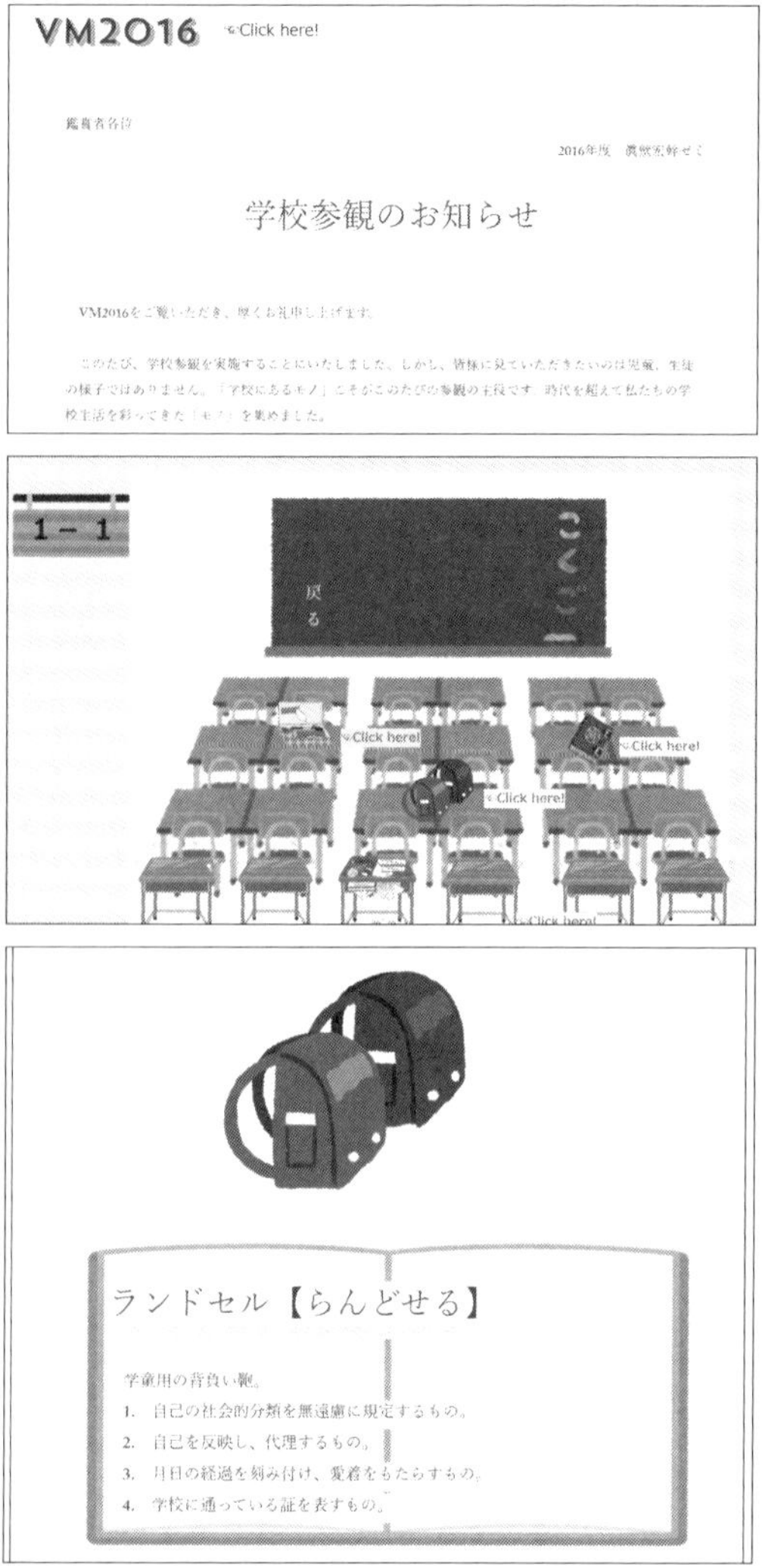

VM2016
Click here!
鑑賞者各位
2016年度
学校参観のお知らせ
VM2016をご覧いただき、厚くお礼申し上げます。
このたび、学校参観を実施することにいたしました。しかし、皆様に見ていただきたいのは児童、生徒の様子ではありません。「学校にあるモノ」こそがこのたびの参観の主役です。時代を超えて私たちの学校生活を彩ってきた「モノ」を集めました。
1－1
戻る
Click here!
Click here!
Click here!
ランドセル【らんどせる】
学童用の背負い鞄。
1. 自己の社会的分類を無遠慮に規定するもの。
2. 自己を反映し、代理するもの。
3. 月日の経過を刻み付け、愛着をもたらすもの。
4. 学校に通っている証を表すもの。

図 3-8 「学校」展の展開例

ば、モノとモノの使用に潜んでいるヒドゥン(隠れた)・カリキュラムなどを指摘していれば、そのモノがもつ陶冶=自己形成にとっての両義性をより鮮明に示すことができ、もっと面白い展示になったかもしれません。

五 「自分が見たモノ」展――二〇一七年度VM(図3-9)

この年度のVMは少々変わっています。それはすでにVM紹介文に現れています。「私たちが何を伝えるか」ではなく「私たちは何を見ているか」に焦点を当てた、と宣言されているからです。各ゼミ員が「心動かされた」風景やモノを写真で何枚も撮り、それらをそれぞれ個展という形で展示しようというのです。

これまでのVMは、回想に基づくモノの展示と記述、そして図鑑的説明から成っていました。第二章で示した博物館の展示分類、もう一度繰り返せば、歴史博物館や科学博物館の展示手法であるドキュメントや模型・サンプルという「例示的展示」と美術館の「隠喩的展示」のうち、明らかに前者を選択していました。もちろん、この場合も展示空間のデザイン性を考えますが、それはメッセージを明確かつシンプルに伝えるためです。つまり、客観的伝達を担保しようとする傾向が強かったのです。これに対してこの年度は、後者を採用し、言語化されないイメージを画

WELCOME TO
VM2017!
VMとはVirtual Museum、縮めてVM。
これは、慶應義塾大学 文学部 教育学専攻 眞壁宏幹研究会に
所属する学生達が収集・選択したモノを、
ネット上で美術館や博物館のように展示する、という試みです。
本展では、ゼミ生9名の作品が展示されております。
2017年の6月下旬から8月末にかけて、
各ゼミ員が心動かされた画像を集めました。
――私たちは、何を見ているのか――
――どのような「モノ」の見方をしているのか――
Enter

図 3-9 「自分が見たモノ」展（2017 年度）のスタート画面

像などの連鎖・集積で提示することで来館者の想像力を刺激しようとします。その結果、メッセージは不明確になるものの、モノの画像の奔流をきっかけに来館者にさまざまなことを感じ考えさせます。ＶＭでこの手法を採用したのはこの年度が初めてです。

もっとも、これは全体の印象であって、言葉による意味ベクトルの付与が全くないのではありません。たとえば、展示室の奥に入っていけばいくほど、言葉は増えてきます。各個展を覗いてみましょう。すると、そこにはゼミ生の名前とともにその個展のテーマが現れます（図３－10上段）。「文化に生きる」「見ることの迷宮」「ささやかだけど幸せなもの」「私の視野を広げてくれるもの」「癒される―私の時間―」「私の記憶」「わたし」「柔らか

さと深さ」「『感じ』を愛でながら暮らす」などです。そしてそれぞれの部屋はさらに四つのチャプターに分かれ、そこにもやはりそのチャプターをまとめるキーワードがあり、たくさんのモノの画像が収集・保管・展示されています（図3－10中段）。

そして最後に、どの個展でも「Message」と題されたチャプターがあり、来館者（他者）に向けて陶冶＝自己形成論的考察が投げかけられています（図3－10下段）。そこには、モノを媒介にした陶冶＝自己形成を形容する言葉がたくさん登場します。これも説明や解釈というよりも、言葉をその表現性も含め展示することで、陶冶＝自己形成の本質を言い当てようとしているかのようです。たとえば、「生命力」「感受性」「ありふれたもの」「つどう」「まとう」「つくる」「風景にふれる」「癒し」「懐かしさ」「わたしの場所」「強度」などです。陶冶＝自己形成の契機や場やその気分を表する私的言語だといってよいでしょう。ここに至るまで、「隠喩的展示」の原則が徹底されているのです。

この年度のＶＭは主観的といえば主観的です。しかし、写真で気になる風景などを写真で撮りまくり無意識に眠っていた記憶が想起されてくるまでその主観性を徹底することで、陶冶＝自己形成を結果として客観的に展示するものになっているといえるかもしれません。

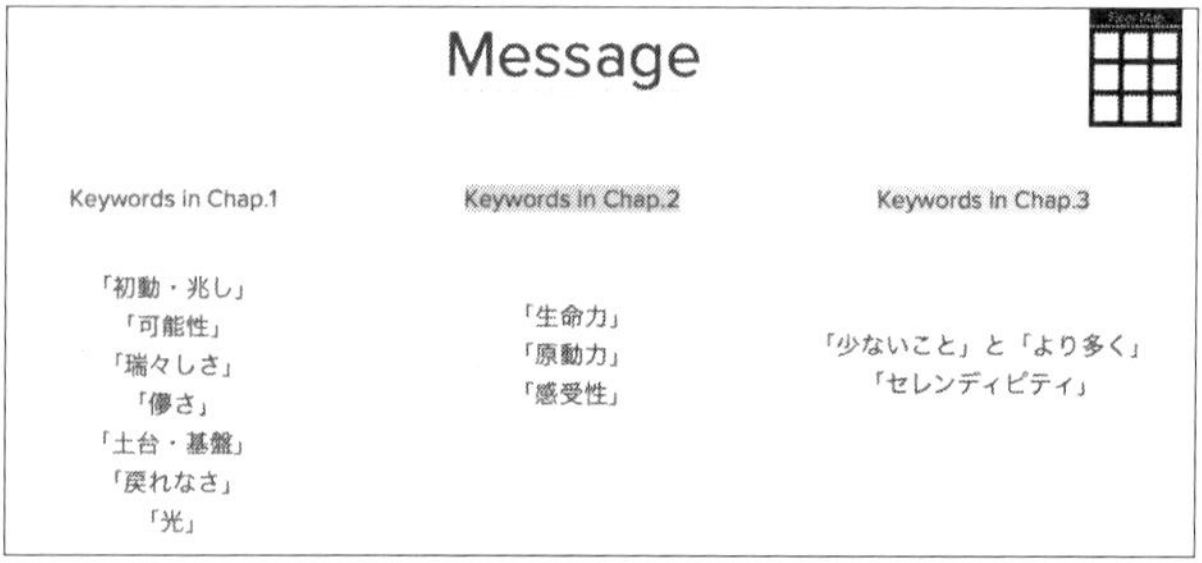

図 3-10　「自分が見たモノ」展の展開例

六 「能動的な人間形成・受動的な人間形成」展——二〇一八年度VM（図3－11）

このVMは、モノの機能が主体に及ぼす作用を客観的に展示しようとする方向に戻ります。それは、最初の頃のVMのロゴ・デザインを踏襲しているところにも現れています（図3－11）。しかし、同じモノの作用の展示でも、その作用を表向きの作用（「能動的」と表現しています）と、裏で働く作用（「受動的」と表現しています）に分けて考察することで、特色を出そうとしています。

収集されたのは身近なモノばかりです。写真、布団、絵本、マスク、化粧道具、イヤホン、手帳、インターネット、時計です。展示法で気づくのは、来館者を積極的にミュージアムへ引き込もうとする工夫がなされている点です。たとえば、紹介ページの次に現れるこの年度のVMの実質最初の画面（図3－12上段）では、伏せたトランプが何枚か画面に現れます。そして、それをクリックしてめくると展示が始まるのです。これは、陶冶＝自己形成が起こるある種の偶然性を象徴しているのですが、同時に来館者に楽しんで展示を見てほしいという願いも込められています。また、展示されたモノへのコメント欄も充実させ（これはネット世代ならではの発想でしょう）、大体がゼミ生同士の間によるものですが、コメントを付け合うことで、そのモノ経験の回想に複数性や幅をよりもたせるような工夫になっています。

トランプの一枚をクリックして開いてみましょう。すると、そこはあるモノの展示になってい

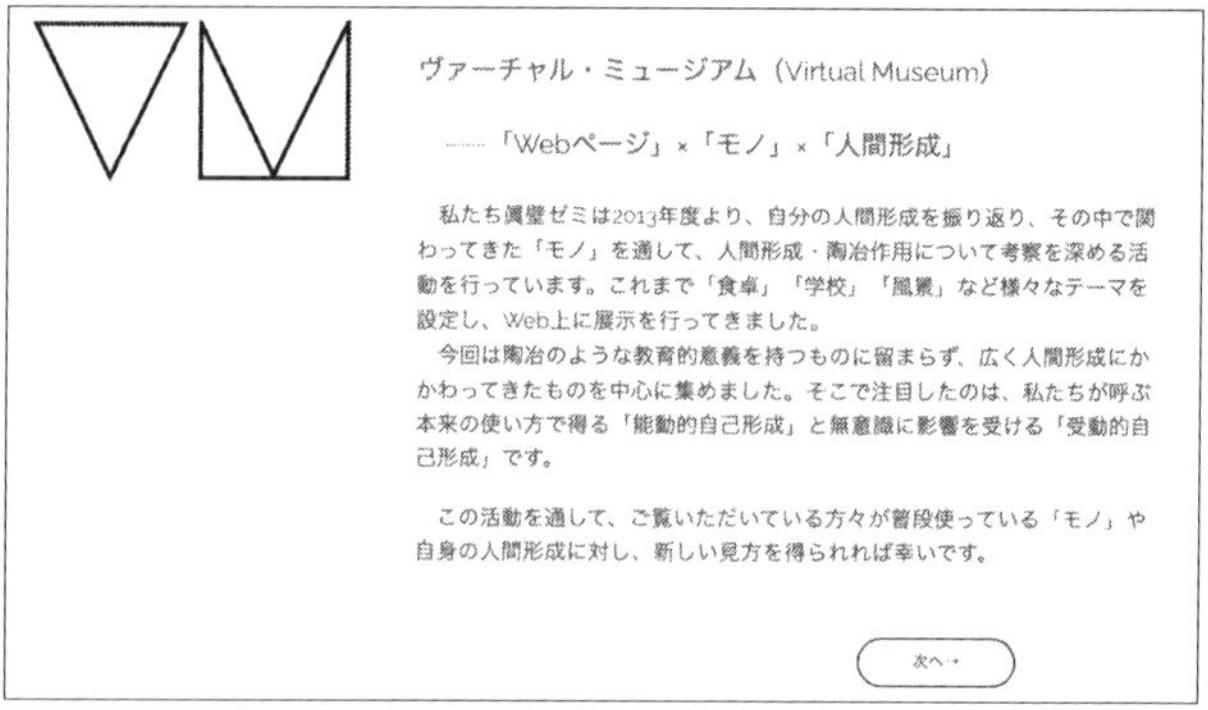
ヴァーチャル・ミュージアム（Virtual Museum）

……「Webページ」×「モノ」×「人間形成」

私たち眞壁ゼミは2013年度より、自分の人間形成を振り返り、その中で関わってきた「モノ」を通して、人間形成・陶冶作用について考察を深める活動を行っています。これまで「食卓」「学校」「風景」など様々なテーマを設定し、Web上に展示を行ってきました。

今回は陶冶のような教育的意義を持つものに留まらず、広く人間形成にかかわってきたものを中心に集めました。そこで注目したのは、私たちが呼ぶ本来の使い方で得る「能動的自己形成」と無意識に影響を受ける「受動的自己形成」です。

この活動を通して、ご覧いただいている方々が普段使っている「モノ」や自身の人間形成に対し、新しい見方を得られれば幸いです。

次へ→

図3-11　「能動的な人間形成・受動的な人間形成」展（2018年度）のスタート画面

るのですが、そこには先にも述べたように、本来の使い方による作用と、その「裏」の作用・効果、そしてそれらに対するコメントを来館者（閲覧者）が書き込めたり読めたりするコーナー、この三つの部屋が用意されています（図3－12中段）。これはどのモノでもデザイン的に統一されているため、大変見やすく、展示コンセプトの統一性を感じさせます。

それでは、「本来的使用」と「非本来的使用」の回想を見てみましょう。

時計であれば、時刻を示すという機能のほかに、信頼関係の構築を生み出す機能が（図3－12下段）、マスクであれば、病原菌を防ぐ機能のほかに、「消去法的印象操作」という効果が、化粧品には、美化やイメージ形成のほかに、通過儀礼やジェンダー攪乱という効果が、イヤホンには、場所を問わず音楽を聴くことができる機能のほかに、自分の世界に閉じこもるという効果が、写真に

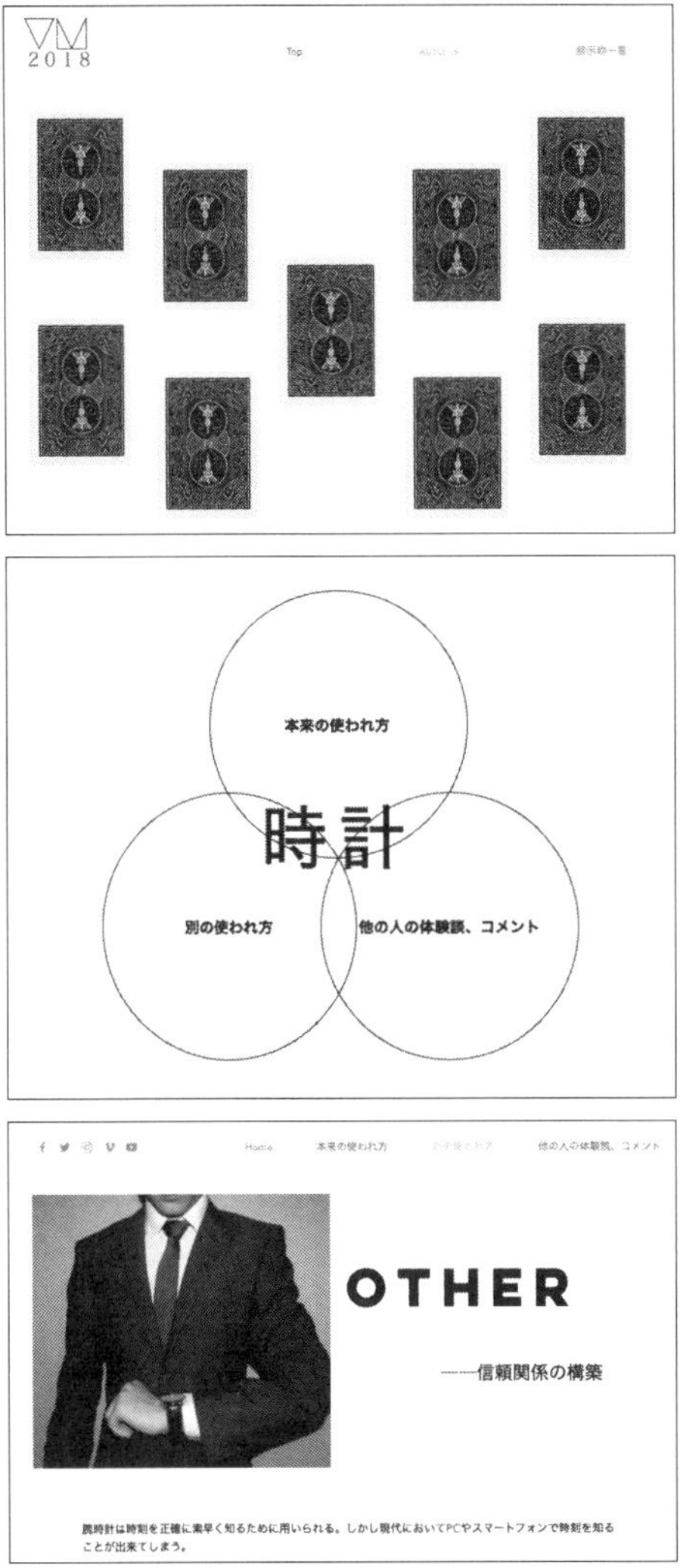

図 3-12 「能動的な人間形成・受動的な人間形成」展の展開例

は、見たものを写しとるという機能のほかに、時間の永遠化という効果が、見出されることになります。

たしかに、モノ経験によって自己変容が起こったとしても、何もそれはモノの機能に規定された一方向のものではないはずです。その機能の効果は多義的で多方向的な自己変容を引き起こします。陶冶＝自己形成が複雑で多様な可能性をはらむ経験であることに気づかされます。

七 「憧れ」展――二〇一九年度VM（図3－13）

この年度では、陶冶＝自己形成の場やモノから入るのではなく、陶冶＝自己形成を駆動する心的態度に着目したテーマが組まれました。それが（これまでのVMでも注目されてきた）「憧れ」です。「憧れ」の対象だったモノを収集・展示しようというのです。その趣旨は次のように表現されています。

「私たちは憧れでできている。キラキラのアクセサリー、乗れるようになりたかった一輪車。ひとつひとつの憧れと出会って私たちは大人になった。ここは私たちの憧れを集めた美術館。たくさんの憧れと一緒にもう一度、大人になることを夢みよう。」（図3－14上段）

集められたモノは、ヘアアイロン、酒、一輪車、プラレール、ピアス、ヒール、長財布、万年

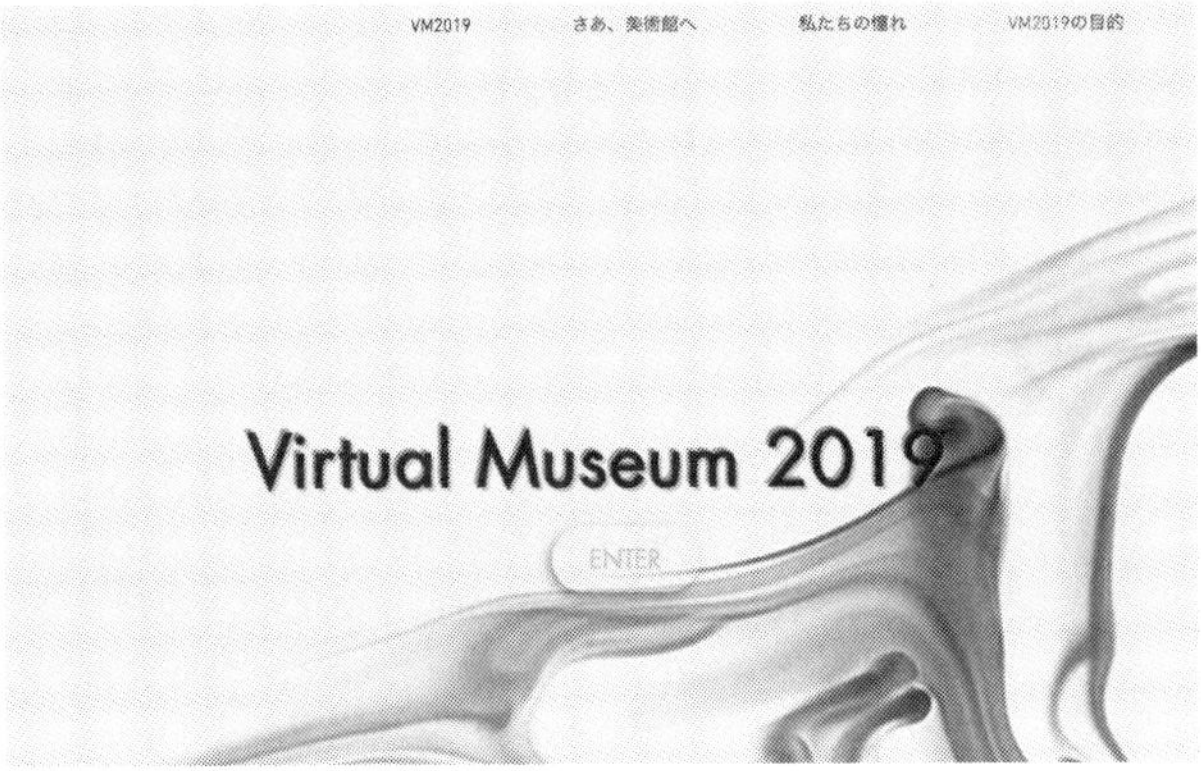

図3-13 「憧れ」展（2019年度）のスタート画面

筆、トゥシューズ、派手な服、リュック、腕時計、電動ひげそりです。「卑近なモノ」といってしまいそうなモノばかりですが、やはりその展示記述を見ると、文化（史）的背景（「文化的にどんなモノだろうか」）、自分の経験（「自分の経験として」）、そしてもたらされた変容の内実（「関わってどう変わった？」）が必ず記されています（図3−14中段）。さらに前年度を踏襲するコメント機能もつけられ、かなり長いやりとりが展開されています（図3−14下段）。自分の経験を交換し合うことで、そのモノへの関わり方をより一般的な水準に引き上げようとしているのです。

さて、書かれた記述やコメントのやりとりを読んでいると、重要なことに気づかされます。「憧れ」が「かっこいい大人」や「できる人（上級者）」への「憧れ」であることはわかりやすいにしても、そこには同一化という欲望が働いていること（万年筆、長財布、トゥシューズ、

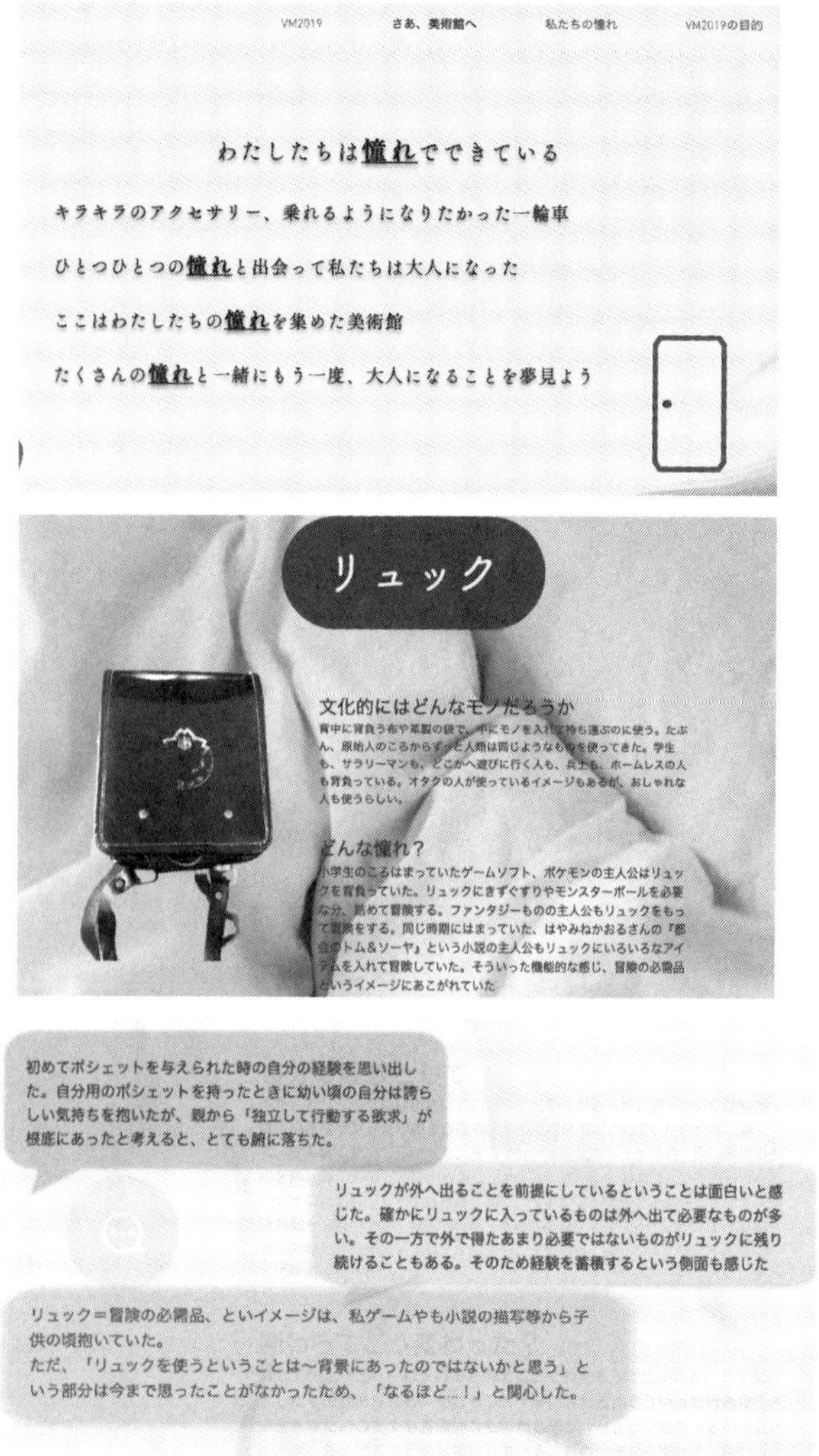
VM2019
さあ、美術館へ
私たちの憧れ
VM2019の目的
わたしたちは憧れでできている
キラキラのアクセサリー、乗れるようになりたかった一輪車
ひとつひとつの憧れと出会って私たちは大人になった
ここはわたしたちの憧れを集めた美術館
たくさんの憧れと一緒にもう一度、大人になることを夢見よう
リュック
文化的にはどんなモノだろうか
背中に背負う布や革製の袋で、中にモノを入れて持ち運ぶのに使う。たぶん、原始人のころからずっと人類は同じようなものを使ってきた。学生も、サラリーマンも、どこかへ遊びに行く人も、兵士も、ホームレスの人も背負っている。オタクの人が使っているイメージもあるが、おしゃれな人も使うらしい。
どんな憧れ？
小学生のころはまっていたゲームソフト、ポケモンの主人公はリュックを背負っていた。リュックにきずぐすりやモンスターボールを必要な分、詰めて冒険する。ファンタジーものの主人公もリュックをもって冒険をする。同じ時期にはまっていた、はやみねかおるさんの『都会のトム&ソーヤ』という小説の主人公もリュックにいろいろなアイテムを入れて冒険していた。そういった機能的な感じ、冒険の必需品というイメージにあこがれていた
初めてポシェットを与えられた時の自分の経験を思い出した。自分用のポシェットを持ったときに幼い頃の自分は誇らしい気持ちを抱いたが、親から「独立して行動する欲求」が根底にあったと考えると、とても腑に落ちた。
リュックが外へ出ることを前提にしているということは面白いと感じた。確かにリュックに入っているものは外へ出て必要なものが多い。その一方で外で得たあまり必要ではないものがリュックに残り続けることもある。そのため経験を蓄積するという側面も感じた
リュック＝冒険の必需品、といイメージは、私ゲームやも小説の描写等から子供の頃抱いていた。
ただ、「リュックを使うということは〜背景にあったのではないかと思う」という部分は今まで思ったことがなかったため、「なるほど…！」と関心した。
図 3-14 「憧れ」展の展開例

一輪車）、さらに、「変身」「演出」の願望（化粧道具、ピアス、派手な服、ヒール）、「冒険」や「移動」の願望（リュック）、達成の美しさや機能性の追求という志向性（プラレール）などが働いていることがわかります。陶冶＝自己形成を駆動するのは「憧れ」である、といっても、その現れ方はさまざまであることを、このVMは示してくれているのではないでしょうか。

八　「かく（書く、描く、かく）」展——二〇二〇年度VM（図3－15）

このVMは前年度と同じように、収集を陶冶＝自己形成の場やモノ自体から入るのではなく、陶冶＝自己形成を駆動させる人間学的な行為に注目して行いました。テーマは、人間である条件のひとつといってもよい、「かく（書く、描く、かく）」です。日本語で「かく」と発音するとき、（　）のなかのようなさまざまな漢字が当てられます。とても広範囲な活動（動詞）を内包し、多義的な意味を含んでいます。そして何を用いて「かく」か、という点に注目してモノの収集に取りかかりました。ある意味では民族学博物館の収集と展示に似たところがあるかもしれません。展示方法としては、これまであったコメント機能やインタヴューはありません。

集められたのは、チョーク、クレヨン、木の枝、タッチペン、キーボード、指、頭、ペン、チヨコペンです（図3－16上段）。「かく」道具によって、志向や性格の出やすさなどに差が出てく

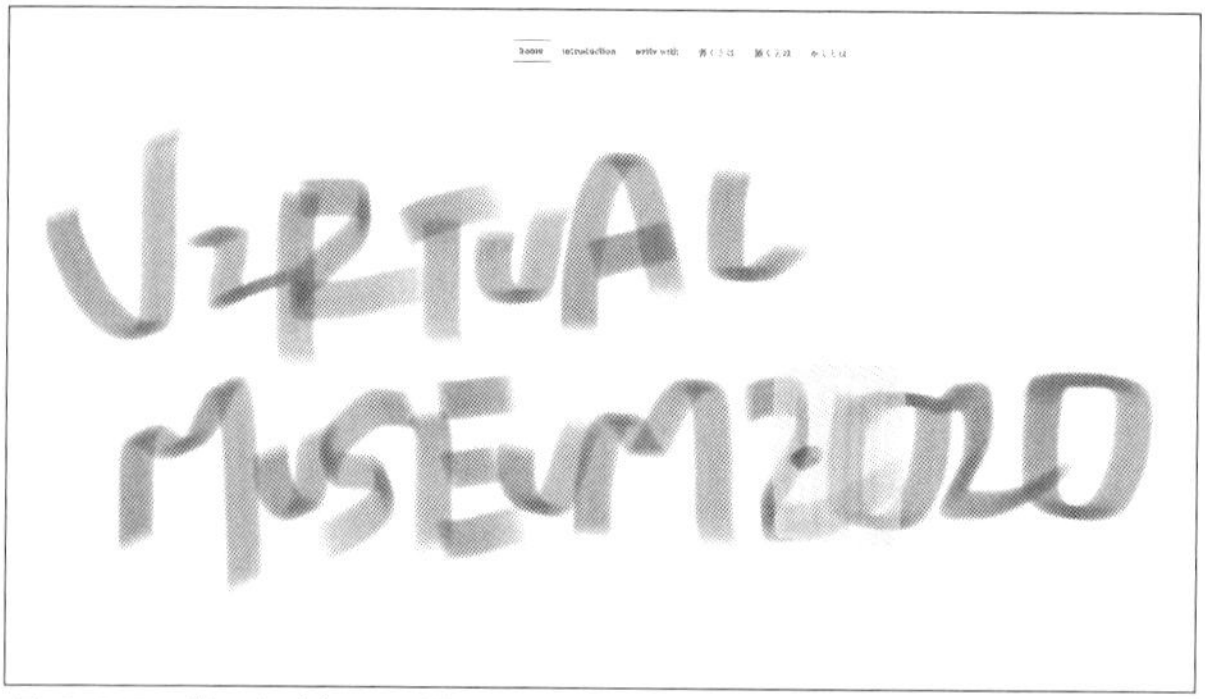

図3-15　「かく（書く、描く、かく）」展（2020年度）のスタート画面

ることなどが分析されています。

しかし、このVMの最大の成果は、「書く」「描く」「かく」の陶治＝自己形成論的違いを明確にした点です。彼らによれば、「書く」は、「一定のルールの中で表現された『かく』」であり、多くの人がパッと見てすぐに同じ意味を思い浮かべることを、書き手は認識しながら書いている。逆にいえば、「『書く』という行為において、行為主は縛られているともいえるかもしれない」。これに対して、「描く」とは「縛られるルールが存在しない自由な条件下で、自分の思いのままに『かく』こと」で、「この行為の多くは他者に明確な何かを伝えることを前提としていないため、形式にとらわれない個人独自の価値観に基づき表現される」もので、「描いた結果生み出されるものは言語化できるものに限らず、絵や記号など多様性にあふれる」（図3-16中段）のです。

人間であれば、時代・民族を超えて行う「かく」という

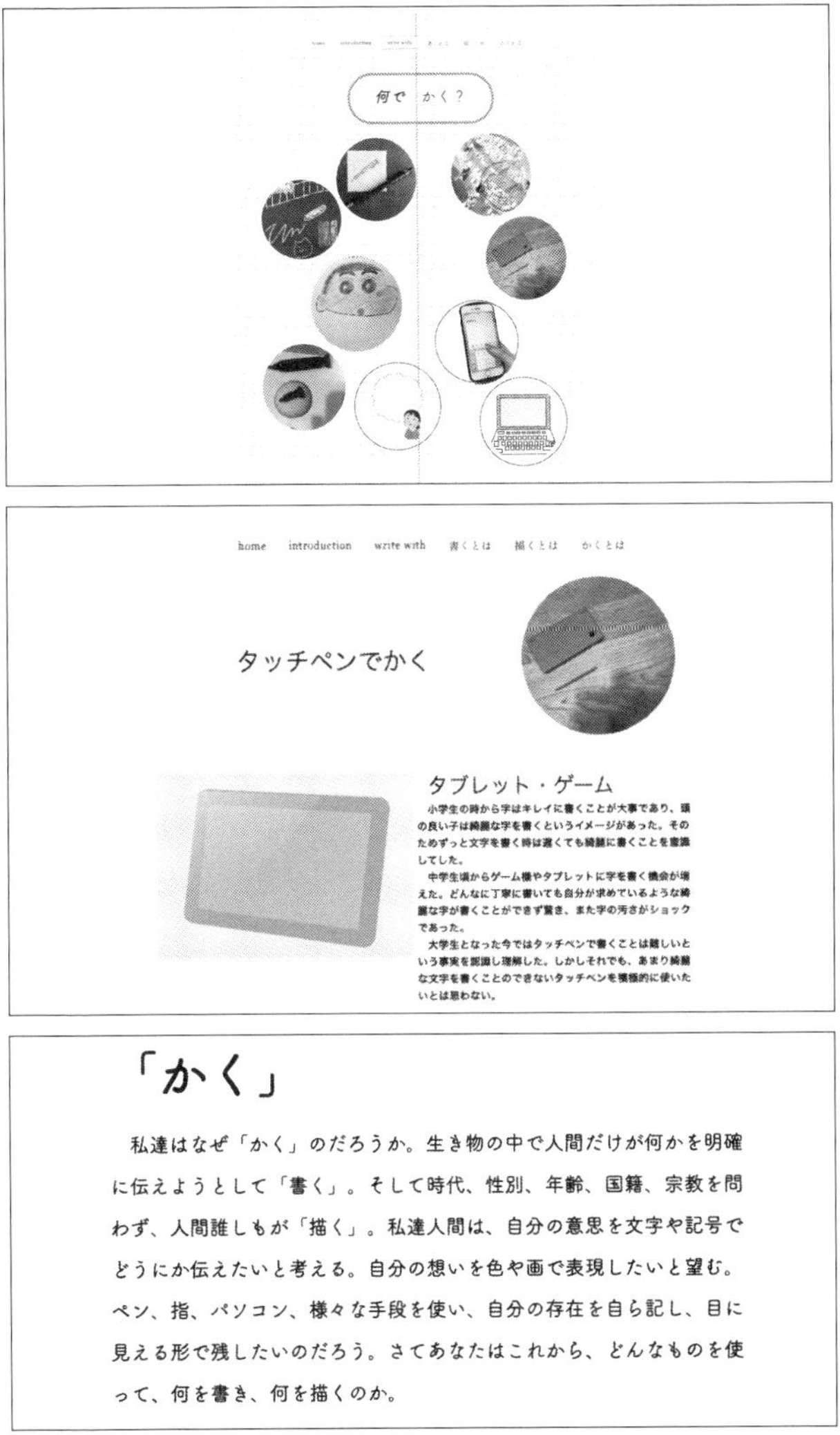
何で　かく？
home　introduction　write with　書くとは　描くとは　かくとは
タッチペンでかく
タブレット・ゲーム
小学生の時から字はキレイに書くことが大事であり、頭の良い子は綺麗な字を書くというイメージがあった。そのためずっと文字を書く時は遅くても綺麗に書くことを意識してした。
中学生頃からゲーム機やタブレットに字を書く機会が増えた。どんなに丁寧に書いても自分が求めているような綺麗な字が書くことができず驚き、また字の汚さがショックであった。
大学生となった今ではタッチペンで書くことは難しいという事実を認識し理解した。しかしそれでも、あまり綺麗な文字を書くことのできないタッチペンを積極的に使いたいとは思わない。
「かく」
私達はなぜ「かく」のだろうか。生き物の中で人間だけが何かを明確に伝えようとして「書く」。そして時代、性別、年齢、国籍、宗教を問わず、人間誰しもが「描く」。私達人間は、自分の意思を文字や記号でどうにか伝えたいと考える。自分の想いを色や画で表現したいと望む。ペン、指、パソコン、様々な手段を使い、自分の存在を自ら記し、目に見える形で残したいのだろう。さてあなたはこれから、どんなものを使って、何を書き、何を描くのか。

図3-16 「かく（書く、描く、かく）」展の展開例

行為は、このように多様な意味で、そして多様なモノで行われるが、「自分の存在を自ら記し、目に見える形で残したい」という点では共通するのです（図3－16下段）。彼らは語っていませんが、「かく」という行為は陶治＝自己形成の基本条件だといえそうです。

九 「演出」展――二〇二一年度VM（図3－17）

この年度は、人間に特有な行為として「モノを飾る」「着飾る」「メイク」「空間づくり」に注目し、それに関わるモノを収集することにしました。そして、それを「演出」という言葉でまとめ、VMの企画展のテーマにしています。そこには、一見すると、モノの展示とはいえないようなものもありますが、私たち人間は、モノや身体表現（表情や声、雰囲気）、行為（散歩）を演出的に使用することで、わたしのなかにもう一人のわたしを作り出しながら、自分や他者と関わっていっていることがよくわります。

収集されたモノ、空間、行為は、ツーリングテント、ラジオ、声、お守り、香水、真夜中のフラヌール（音・光で演出された空間）、アロマ加湿器（臭覚、聴覚、視覚で演出）、髪飾り、板タブレット、こけし、アイディアノート、洋服、電子ピアノ（音で飾る）、書道の額縁、古着、メイク道具、カチューシャ、本のある空間、顔・表情、制服（スカート）、仏像などです。

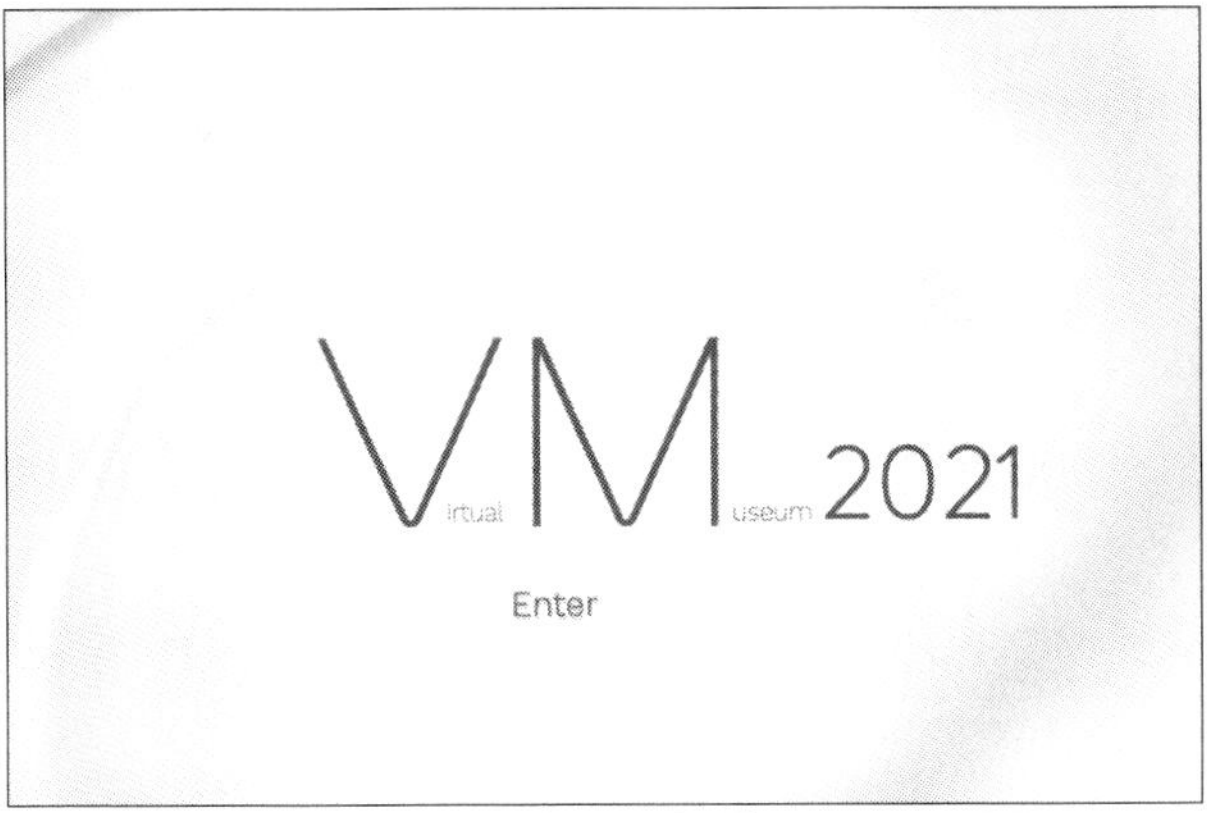

図 3-17 「演出」展（2021 年度）のスタート画面

この年度のもうひとつの特徴は、なるべく多くの人に来館してもらい、それぞれの展示に多くのコメントをつけてもらったことです。その多くはゼミに新しく入ってきた学生たちのものでしたが、このことで、鑑賞者がどのようにそのモノへの回想が触発されるのかがわかりました。似てはいても異なる経験が書かれたりしているので、コメントがやはりＶＭで重要な要素になっていることがわかる展示になっています。

また、「演出」でわたしを差異化しながら適応していくだけでなく、自分に折り返す経験があってこそ自分らしく生きていけるのであり、その際、それを助けてくれるのがさまざまな物質的特性をもったモノ（テント、ラジオ、アロマ加湿器など）であることもわかります。

この年度のＶＭでは、個人情報や著作権について十分配慮し制作し、全部を公開しています。ぜひ七一頁

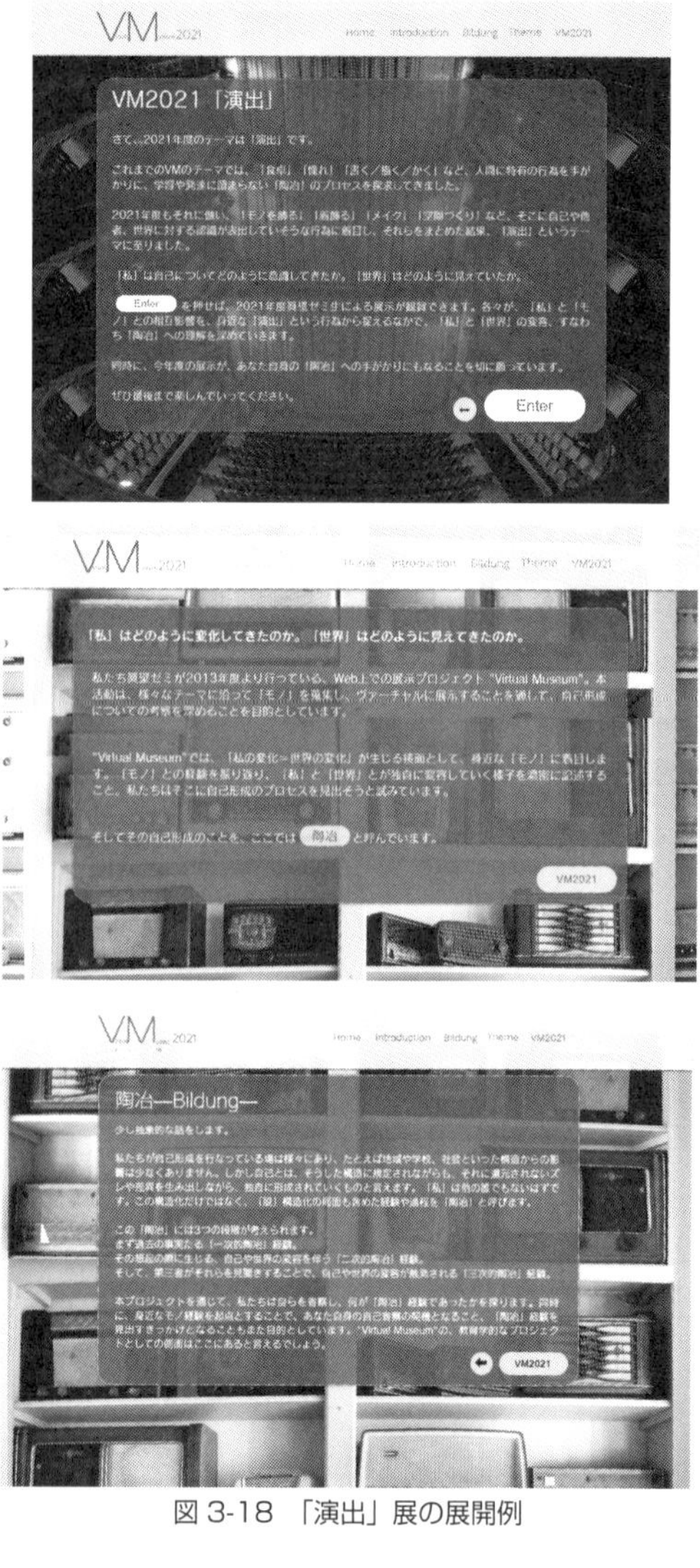

図 3-18 「演出」展の展開例

のQRコードから来館してみてください。

一〇　VM「デジタル世界図絵」のこれから
――「常設展」に向けて

以上のように、眞壁ゼミは試行錯誤しながらも、毎年、VMの企画展をネット上で制作してきました。しかし、先にも触れましたが、個人情報や著作権の問題もあって公開できないという大きな問題がありました。しかし、ここで止まってはなりません。やはり一般に公開し、さまざまな人にコメントをつけてもらってこそ、ネット上のミュージアムの利点を生かしたことになるからです。そこで最後に、まだ実現はしていないこの公開版VMの可能性について考えたいと思います。

今、考えているのは、これまでの企画展のなかから公開可能な、つまり個人情報保護や著作権保護の観点から問題のないコンテンツを取捨選択して、より統一感のあるVMができないかということです。いってみれば、これまでの企画展をリミックスして「常設展」を作るのです。

もちろん、技術的な問題やコンテンツの展示デザインの統一をどうするか、という問題はあるでしょうが、おそらくもっとも根本的な問題は常設展の構成原理です。常設展が企画展の部分部分をつぎはぎするだけになってはいけないからです。

ここで考えたい「構成原理」とは、これまでの企画展が常設展になるための「構成原理」です。どう考えたらよいのでしょうか。なかなか難しそうです。

そのヒントは、やはりこれまでゼミ生たちが作ってくれた企画展のなかにあるように思います。正確にいうと、毎年の企画展を通しで見ていくとヒントが見えてくるといったほうがよいかもしれません。それはどういうことでしょうか。

二〇一三年度から二〇二一年度までの九年間を通しで見ていくと、企画展を作っていく際のテーマ設定の仕方におよそ三種類あることに気づきます。

ひとつは、陶冶＝自己形成の経験が起こった「場所」に着目してテーマを設定しモノ収集を行うパターン。たとえば、二〇一三年度の「食卓」展、二〇一四年度の「ホーム」展、二〇一六年度の「学校」展がそうです。もうひとつのパターンは、陶冶＝自己形成を駆動させる心的態度や人間学的条件に焦点を当て、陶冶＝自己形成がどのように始まり特定のモノに向かっていくのか、それを基準にして展示するパターンです。たとえば、二〇一九年度の「憧れ」展、二〇二〇年度の「かく（書く、描く、かく）」展、そして二〇二一年度の「演出」展がそうですし、二〇一八年度の「能動的な人間形成・受動的な人間形成」展などもそうかもしれません。三つ目は、二〇一五年度の「モノで語る自分史」展と二〇一七年度の「自分が見たモノ」展で、自分の過去や知覚を回想しながら反省的に掘り下げ、私が私に折り返すことで意識的無意識的に浮上してくるモノについて語り展示するものです。意識的回想か（二〇一五年度）無意識的回想か（二〇一七年度）の違いはありますが、記述に際して「自分に折り返す」という特徴が強く出ている点が共通しています。

さて、企画展にはこの三パターンがあるのですが、これらを生かして常設展を構成する方法として考えられるのは、展示フロアを三つに分け、たとえば、第1室「陶冶はどこで」、第2室「陶冶はどのように」、そして第3室「陶冶を折り返す」とするやり方です。

しかし、企画展を通しで見てくると、同じモノが何度も登場することにも気づかされます。たとえば、化粧道具や楽器などです。これをどう考えたらいいのでしょうか。あるテーマで現れたモノが別な展示室でも現れてしまいます。冗長ではないでしょうか。しかし、これはこれでよいのかもしれません。むしろインターネットの利点を生かして、第1室で出てきたモノをクリックすると、第2室や第3室に跳ぶということがあったほうが面白いかもしれません。来館者は、同じモノが異なった視点から取り上げられ記述されている事例に出会うのですから、より重層的な世界の提示に触れることになるでしょう。たとえば、第1室「陶冶はどこで」で登場したヴァイオリンが、第2室「陶冶はどのように」に登場し「憧れ」の対象として語られていてもよいのです。

以上、簡単な考察ですが、常設展の「構成原理」をまとめてみましょう。①フロアを企画展テーマのパターンにしたがって、「陶冶はどこで」「陶冶はどのように」「陶冶を折り返す」に分ける。②セクションをまたいで同じモノをリンクでつなぐ。そして、③それぞれの展示に必ずコメント機能をつける。最後の要件は、来館者とのコミュニケーションを促進し、そのやりとりのなかで、そのモノの陶冶＝自己形成的価値、すなわち世界の代表的提示としての重要性がさらに増していくためには必須の項目です。ＶＭが、目的論的世界観がない現代において、次世代に提示するに値する文化形式、生活形式を代表提示するという目的をもっていたことをここでもう一度思い出してほしいのです。

次年度への継承

もうひとつ、最後に今後考えていかねばならないことがあります。それは、ＶＭの制作方法やプロセスをもう少し整理して次年度に伝えていくことです。

いつもＶＭ制作が始まるとき、その年度のＶＭ担当のゼミの四年生は前年度の年間スケジュールを示してきました。そのことによって、ある程度、制作プロセスは可視化され伝えられてきたとはいえます。しかし、もう少し、制作に至るまでのプロセスを理論的に段階づけたほうがよいのではないかと考えています。そのことで必要のない誤解や理解不足、試行錯誤からくる無駄な労力や時間を節約できるかもしれないからです。もちろん、これはＶＭのマニュアル本を作ろうという話ではありません。自由に議論し、迷走しながらも、なんとか最後には作り上げる、そのプロセスは大事ですし、それを排除してしまうようなマニュアルはむしろ避けるべきでしょう。また、自由な発想が出にくくなってしまいますし、ＶＭ制作の副産物として生まれるゼミ生同士の気のおけない交流をも奪いかねないからです。そういったものではなくて、制作途上にあるゼミ生たちが、最終ゴールに向けて現在自分はどこで何をしている段階にあるのかがわかり、次に何をしなければならないのかが予想できるマップをイメージしています。

たとえば、このとき、笠原広一のＡＢＥＲ（本書七四頁参照）の知見が参考になるかもしれません。笠原を参考にしながら、次のようにＶＭ制作のプロセスを整理してみてはどうでしょう。

準備段階として、まず、ＶＭのコンセプトの説明や、前年度のＶＭ制作の経験談を新しいメンバーと共有する段階がきます。しかし、実質的な第一段階は、企画展テーマを議論する段階です。これは、笠原たちがいう（1）「感性的探究・省察」の段階です。ここでは、日常の知覚や経験（例：家の近くをウォーキングする）で気になったモノを写真や動画で撮ることから始め、その経験を仲間と共有し合い回想の幅を広げる段階、そして非日常的な経験（夜の街、雨上がり、旅）における知覚や経験で気になったモノを写真や動画で撮る段階に進み、またその経験を仲間で共有し回想の幅を広げる段階に至る、という流れが想定されます。このプロセスを繰り返すことで、意識的回想や無意識的回想が活性化され、仲間と話すことで今まで気づかなかったモノ経験の重要性に気づき、テーマを発想しやすくなります。経験の場と記憶は密接に関係しています。

次に、（2）「収集と保管」の段階がきます。そこでは、（1）で暫定的に決まったテーマに合わせ、モノをひたすら集め、写真や動画やフリー素材の図像としてドライブ上に共有保管します。もちろん、仲間で共有するミーティングも続けながらです。

その次に、（3）「研究・記述」の段階がきます。これは、展示が決まったモノにまつわる自分の経験をモノと身体の接面で起きている感性的事態を想起・探求しながら忠実に記述すること、そしてそのモノの文化史的民俗学的知見を調べながら、モノの博物誌的記述を試みる段階です。

最後に来るのが、（4）「展示デザイン」の段階です。（2）と（3）で集めたモノの図像と記述を効果的に展示するデザインを決めます。それは、VM全体のデザインとの関連でどう配置していくかも問題になってくる段階です。来館者（閲覧者）にとって入りやすく、わかりやすく、そして参加しやすいデザインが求められます。

（1）「感性的探究・省察」の段階：モノの意識的無意識的回想の試み
↓
（2）「収集と保管」の段階：モノの画像の収集と保管の試み

（3）「研究・記述」の段階：モノ経験の記述の試み
（4）「展示デザイン」の段階：ＶＭ展示デザインの試み

さて、本書では残念ながら、「常設展」を皆さんに紹介することはできません。しかし、ぜひ完成させ、いずれ公開したいと思っています。

「演出」展　2021 年度 VM
https://vmmakabezemi.wixsite.com/vm2021

第四章　「デジタル世界図絵」の方法論的位置づけ
――教育研究におけるＶＭの意義

第三章の実例で、ヴァーチャル・ミュージアム「デジタル世界図絵」が、あるテーマのもと、回想に基づく探索でモノを収集し、それをさまざまな図像とモノ経験を質的に記したキャプション、そして時には学問的知見も参照しながら、できるだけ来館者の想像力を刺激する手法・表現で展示する試みであることがわかってもらえたのではないでしょうか。

ところで最近、芸術制作を世界の知的探索行為と捉え、その手法を質的な研究に応用しようとする動きが、社会学、美術教育、芸術・音楽療法などで盛んになってきています。これは、科学研究の定量的な方法では、リアルな人間や社会の変化を質的に把握できないことが自覚されてきた結果であり、科学認識の本質主義から構成主義への移行や、認識のパフォーマティヴな性格が強く意識されるようになった結果でもあります。こうした傾向のなかにＶＭも位置づけられるのかもしれません。以下では、この傾向を代表する手法や論者を取り上げ、比較してみることにしましょう。このことでよりはっきりとＶＭを学問方法論のなかに位置づけることができるようになるでしょう。

以下で比較対象にするのは、まず、芸術的手法を用いた美術教育研究を進める東京学芸大学教授・笠原広一の「アートベース教育研究（Arts-Based Educational Research, 略してＡＢＥＲ）」と、カナダの美術教育研究者リタ・Ｌ・アーウィン（Rita L. Irwin）による「アートグラフィー（A/r/tography）」です。この二つの手法は基本的に同じ発想に立つと考えてよいものです。彼らは共同研究も行っており、二〇二〇年一二月二日眞壁ゼミ内で行われた笠原の講演とそれをめぐってなされたゼミ生と笠原との質疑を中心に、後者に関しては笠原とアーウィンの編共著である『アートグラフィー』（笠原・アーウィン、二〇二〇）に基づき、ＶＭとの比較・検討をしてみたいと思います。

次に取り上げるのは、慶應義塾大学文学部社会学専攻教授の岡原正幸が展開しているアートベース社会学です。これも Arts-Based Research（略してＡＢＲ）のひとつですが、社会学研究として岡原が独自に発展させたものです。最後に、長岡造形大学教授で教育学・美学研究者の小松佳代子によるＡＢＲ論を検討します。小松もやはり芸術家の制作を知的探究過程と捉え、そこに教育学一般に寄与しうる知見を得ようとしています。

このように、芸術と研究を結びつけようとするこれらの試みとＶＭを比較することで、ＶＭの性格がより明確になってくるでしょう。

※どの比較検討も、二〇二一年度秋学期ゼミ生がレポートとして提出した文章に基づいていますが、私が修正加筆していますので、文責は私にあります。

一　アートベース教育研究（ABER）とVM

（下條衣緒里さんのレポートに基づいています）

笠原広一は、まずアートベース・リサーチ（ABR）一般を次のように定義します。

「ABRは芸術制作の特性を物事の探究や調査、意味や価値の創出に用いていこうとする、探求的で省察的な芸術制作／表現の用い方であり、同時に研究の方法論でもある」（笠原、二〇二〇年一二月二日講演内資料に基づく）。

ABRは、芸術が思考手段として用いている形式や表現法を積極的に研究活動に活用することで、人間固有の知覚体験に基づく省察が生み出す、科学では達することのできない知にたどりつくことを目指します。知覚に基づく省察が生み出す知は、世界をより深く理解し、知性の拡大をもたらすというのです。特に教育の分野では重要だと笠原は述べます。

端的にいうと、笠原の立場は、「ABRを教育に取り入れること」を主張する立場です。実際に笠原は東京学芸大学美術教育学教室で学部生・大学院生とともにABRを用いた教育研究を実践し、その成果をさまざまな形や場所で、あたかも現代美術の展示のように発表しています。

笠原によれば、ＡＢＲには三つの類型があります（同上）。

1. ＡＢＲ（Arts-Based Research）：芸術制作（活動）の特性を用いて研究を行うもの。
2. ＡＢＥＲ（Arts-Based Educational Research）：ＡＢＲを特に教育研究や教育実践のために用いるもの。
3. A/r/t（A/r/tography）＝（Artist/researcher/teacher + graphy）：ＡＢＥＲを、自己省察、自己変容、対他者・対社会の相互変容・生成の契機になるように、曖昧な状況やさまざまな関係性の「あいだ」で用いるもの。

笠原によれば、研究に用いられるＡＢＲの特徴は、通常の学問の方法論である量的研究法や質的研究法と対比すると明確になります。ＡＢＲは、量的研究や質的研究の研究関心が、「すでに起こったこと（あれは何だったのか）」にあるのに対し、「これから起こるだろうこと（もし○○ならどうなるか）」にあるといいます。特にＡＢＲを教育で実践するとき（すなわちＡＢＥＲの場合）は次のような段階を踏んで実施すべきだとしています（同上）。

1. 日常の何かに意識を向ける
常態化した感覚や認識による行為の段階。
2. 1の活動を省察し共有する
常態化した感覚や認識に対する気づきが起こる段階。
3. 新たな問いや興味深いアイデアの出現
新たな視点からの捉え直しを通じ、発展的／挑戦的「問い（if：もし○○ならどうだろうか）」が生まれる段階。その際、間主観的になされる問題設定や学問的知見の参照も行う。
4. 3の活動をアートとして具体化＝表現する
アート制作を通して3の内容を試行錯誤的に表現することで、さらなる体験や発見、新たな理解や意味が生まれる段階。

以上の段階のうち、1〜2は「フェーズ1」と呼ばれ、感性的な探求・省察と位置づけられます。これに対して3〜4は「フェーズ2」と呼ばれ、芸術制作による探求の深化、芸術的観点からの知の創出と具体化／身体化の段階と位置づけられます。

教育において実践されるABRすなわちABERは、用いる表現（探求）手段がもつ特性を活かしながら、無意識的・意識的省察も含め、何かを徐々に見出しながら、新たな気づきや価値を創出することへ進む特徴をもち、事柄の分析的説明や解釈ではなく、問題や課題の発見・探究を目指す手法と理解できそうです。そして、笠原によれば、ＡＢＲを教育実践や教育研究に取り入れる意義は、いわゆる従来の社会学的な「調査報告」や、既知のことの後追い的「確認」を超えていける点にあると見ています。すなわち、この手法によれば、わからなかったもの（事実）を明らかにすることで「理解する」段階（フェーズ1）から、未知のことを探求する段階へ移行し（フェーズ2）、新たな意味生成を実現することが可能になるので、教育的にも社会的にも意義ある手法といえるでしょう。

教育の現場でＡＢＲを実践する際は、「とりあえずやってみよう」の精神で面白がってまずやってみることです。参加者のあいだで、その過程で得られた結果やその結果が得られるまでの過程を共有することで、さらなる探究が生じ、新たな知の生成が可能になることを期待する手法なのです。新学習指導要領などで最近いわれる「探究的で深い学び」をもたらす手法といえるかもしれません。美術教育を超え教育一般にインパクトを与えられる可能性がこのＡＢＥＲにはありそうです。

ＡＢＲ・ＡＢＥＲとＶＭの共通点と相違点

では、笠原がいうＡＢＲやＡＢＥＲと、我々のＶＭの共通点について考えてみましょう。それは主に二つあると思われます。ひとつ目は、どちらの手法も反省的かつ探究的に課題に取り組み、新しい世界と自己の関係を作り上げるという点で、参加者にとって教育的意義があることです。

二つ目の共通点は、言語だけでは表現できない感覚的なものや、無意識に沈んでいた記憶にアプローチする手法である点です。VMはモノを扱うことで、それに関わる自分（主体）の「身体性」に接近し、言葉にならない意識や無意識を表現することを試みます。それと同じように、ABERも、非言語的な経験を表現する芸術制作の特性を、研究・探究に用いることで、科学ではたどりつけない「人間固有の知覚体験に基づいた省察が生み出す知」に達しようとしています。この点も共通しています。

次に、相違点を考えてみましょう。これもやはり二つあります。まず、VMが対象としているのは、主として過去の経験であるのに対し、ABERは、「今」や「これから」を研究対象にしていることです。二つ目の相違点は、VMは「回想」を促すことに焦点を絞っているのに対し、ABERは「現在の意識／無意識への集中」を促すことに焦点を絞っている点です。

このように比較してみると、笠原の行っているABERから、VMを発展させるためのヒントが得られると思います。VMは、どちらかというと、ABERの「前半の探求」で終わってしまっているのかもしれません。過去の経験を振り返り、「きっとこのモノ経験は自己形成に寄与したのだろうな」という形で「わかった」段階で終わっているのではないでしょうか。それに対してABERは、この「『わかった』という感覚」で終わらせるのではなく、さらにその先に新たな問いを立て、「もし○○ならどうなるか？」と問いを発することで、将来の可能性や社会問題の解決まで考察することを求めます。この意味で、ABRないしはABERのほうが未来構築的なプロジェクトという性格が強いといえるでしょう。

ただ、VMを大枠で理解したとき、VMはやはりABERの実践のひとつに数えられるでしょう。VMの実践は、「現代においてもまだ『世界の提示』は可能か」という現代に視点を置く研究関心のもとでリサーチを始めています。これはまさにABERが最終的に関心をもっている「未知の可能性」への挑戦ともいえるからです。VMは、次世代の若者に「望ましい世界」を提示しようとします。しかし、それが本当に望ましい世界であるのかどうかは実のところわからないのですが、「とりあえずやってみよう」という精神で「未知の可能性」への挑戦を行っているのです。笠原のABERから学べる点は、VMはすでに潜在的にもっているこの未来志向性を、もっと強く意識してよいだろうということに尽きるのかもしれません。

二　リタ・L・アーウィン「アートグラフィー」とVM

（下條衣緒里さんのレポートに基づいています）

カナダの美術教育研究者であるリタ・L・アーウィンは、制作と鑑賞に関わる狭い意味での美術教育を遥かに超えていくような「アートグラフィー（A/r/tography）」を始めています。これは、先にも述べたように笠原のABERと重なるものですが、特に芸術表現（アート）とテクスト表現（グラフィー）を組み合わせた探究的手法である点で、少々異なります。この手法もABRのひとつの展開なので、実証科学のようにすでに存在する事実を説明したり解釈したりするものではありません。それは、参加者が自らあるいは自分が属する環境や社会に対する関係性を新しく創り上げていくことを目指す、実践的で創造的でパフォーマティヴな性格をもつ研究法なのです。

そもそも、この手法が開発された背景には、その手法の名にすでに現れているのですが、アーティストでありながら（artist）、同時に研究者であり（researcher）、さらには制作を教える教育者（teacher）でもあるような人々の悩みがありました。現実では三つの分野、三つのアイデンティティを別々に演じなければならない状況にある人たちが、越境し「あいだ（in-between）」のただなかに立つことで、世界の新しい意味や理解の創造を促すこと、これがアートグラフィーの目指すところでした。アーウィンの独特な表現を使えば（笠原・アーウィン、二〇二〇、六九頁）、アートグラフィーの実践とは、さまざまな固定した意味やアイデンティティを「折り広げる／折り畳むこと」なのです。

たとえば、アーウィンはウォーキング・メソドロジーを用いた地域の地図づくりを通じてこれを実践して見せます。これは芸術家／研究者／教師に対するある種のワークショップ活動ですが、当事者が社会問題に関する対話を通して共同で新しい意味や理解を促すソーシャル・エンゲージド・アートの制作を目指す活動でもあります。この活動では参加者は教え合うのではなく、コミュニティの学習者へと変化していきます。それは、ウォーキングを取り入れることによって、普段より感じたものに注意を払うようになり、環境を受容することに自覚的になろうと変化していったというのです。ウォーキングは、社会的理解を促し、個人的体験への多層的で多角的、感覚的で情動的な接近を許します。まず、ウォーキングすることで、コミュニティの地図づくりを展開するための場を創り出すことが重視されるのです。ウォーキングの後、ウォーキングを振り返る場が用意され、対話が促され、そのなかで創造性が生まれました。

一般に、体験が充実し、その強度が高められ、「出来事」になるのは、単独の個人のなかでのみなされるのではありません。社会的で協同的な活動がもつ多様性、関係性のただなかにおいてなのです。自分と他者、空間と時間、創作の素材・方法などで生じている境界を動的に越えていき、「あいだ」の世界で、感じたものが議論され、そして最終的に芸術制作へつなげられていきます。こういった一連の過程、しかも循環するプロセスが、アートグラフィーの実践なのです。アーウィンは、アートグラフィーの指標・特徴を示す言葉を六つ挙げています（前掲書、八四―九四頁）。さまざまな境界のあいだで区切られつつも越境が繰り返されることで浸透し合い新たな差異化が生じる事態を「隣接性」、研究と生きることが重なり合うことを示す「生きる探求」、探求が常に開放的でさまざまな可能性に開かれているという意味で不安定な多孔質の経験であることを示す「開き」、認識や意味の越境を許す手法としての「隠喩／換喩」、境界のあいだの浸透を許し、意味の横滑り（ズレ）を示す「反響」、再現ではなく自分を超えるため、意味生成のため表現することを意味し、規制やコントロールを超えてしまう事態を表す「過剰」です。

それぞれの詳しい理解は簡単ではないですが、要するに、アートグラフィーは、研究の単なる方法論ではなく、日常生活でも実践できる絶えざる差異化の手法、創造的に他者とともに生きるための手法であるということに尽きると思います。

アートグラフィーとVMの類似点と相違点

では、アーウィンのアートグラフィーとVMの類似点と相違点を考えてみましょう。

最初に指摘できるのは、どちらもテクストと視覚イメージの両方を大事にしている点です。VMではモノが何であるのかという客観的側面とそのモノが自分にとってどのようなモノであるのか、自分にどのような変化をもたらしたのかという主観的側面の両方を記述する必要があります。そのため、特に前者を表すため、そのモノの視覚イメージを提示し、後者はテクスト記述によって示すことが望ましいと考えられます。アートグラフィーにおいても、実際の実践やそれに関連する事柄を視覚イメージとして提示し、その実践活動に至るまでの経緯や、アートグラファー（アートグラフィーの実践者）の内的な心理状態や思考のプロセスをテクスト記述として示すので、この点は類似しているといえます。

次に、アートグラフィーが、さまざまなプロセスを統合し表象することで、個人の生に限りなく近接していこうとする手法であり、そのことで自己と他者の理解を手助けする働きをもつという点もＶＭと類似しているでしょう。ＶＭとアートグラフィーはともにテクストと視覚イメージのどちらにも偏ることなく、それらが相互に補完しつつ、経験の理解を補足し合い、生のプロセスの理解を手助けします。このような制作プロセスを経ることで、もとの経験は再構成され、制作者は自らの生の理解を深め、かつ問い直すことになります。また、鑑賞者は、そのプロセスを受け取るなかで、自らの理解を深め、問い直す契機とすることができます。

では、相違点はどうでしょうか。ＶＭの場合、制作者の匿名性が強いように思われます。しかし、アートグラフィーは、芸術・教育・研究の領域で実践する人々（芸術家として制作したり、教育者として制作を教えたり、研究者として自らの制作を研究発表するといった形で活動している人々）

を直接の対象にします。そして、ここの最後の段階である芸術制作は重要です。そこにはどうしても固有名をもった表現者の個性が想定されると考えられます。ＶＭでもたしかに自分史的な側面はあり、個人は登場します。しかし、それはあくまでも事例のひとつという位置づけであり、それ以上でもそれ以下でもありません。

アートグラフィーは、芸術・教育・研究のいずれかに偏って芸術と教育を考えるのではなく、それぞれの分野を越境しながら、制作を通しての新しい理解や探究を目指すところに大きな特徴があります。したがって、感性的経験を重視はするものの、アーティスティックな個の表現を最終目標とはしないＶＭとは異なる、といえるでしょう。

三　アートベース社会学とＶＭ

（本郷直人君のレポートに基づいています）

アートベース社会学は、実証主義を根幹としていた近代科学が揺らいだことに端を発するといわれています。実証主義ではその姿を完全に解明できない人間の生に「アート」と科学はどう関わることができるのか、その試行錯誤のひとつなのです。最終的な研究成果も従来の文字媒体に限ることなく、映像や演劇、音楽、小説や、詩などさまざまな表現法を選択することができます。

つまり、学問にアートという技を積極的に導入し、言語では観察、把握、理解、伝達しえない生のありようを探求することが中核に据えられたのでした。アートベース社会学では、特に「社会学」という領域でＡＢＲをどう導入するかが問題となります。

ＡＢＲにおいてもっとも注目すべき点のひとつとして、アーティストと鑑賞者との関係があります。鑑賞者を、作品をただ受容する存在としてではなく、作品を構成する存在とみなし、作品はアーティストと鑑賞者によってパフォーマンスのたびに生成される、と考えるのです。作品は鑑賞されて、ないしは鑑賞者の刺激を受けてはじめて「作品」になるのであり、ＡＢＲでは、鑑賞も新たな知の創造に立派に寄与するものとされます。

したがって、アートベース社会学では、作品を飾る場や作品を語り合う空間など公共空間も、研究対象となります。作品と作品を取り巻く多様な力の作用を含めた形でアートを捉え、こうした意味でのアートを社会学研究に取り込もうとするのです。そして、このアートベース社会学を積極的に実践・研究している社会学者が、慶應義塾大学文学部社会学専攻の岡原正幸です。

岡原によれば、アート・自己表現をこのような意味での「こと」あるいは「プロセス」として捉えることは、ＡＢＲとしてアート・自己表現が行われる場合、特に重要です。この社会学は、完成した作品を研究対象にするのではなく、「ワーク・イン・プログレス」にあるパフォーマティヴなプロセスを社会的出来事として捉え直すのです。つまり、作品の鑑賞者と作者が対話することで創発的に関係性や意味が生成してくるプロセスを実践し研究するのが、ＡＢＲに基づく社会学、すなわちアートベース社会学なのです（岡原、二〇一七、一二八頁）。

以上のように、岡原は、単なる社会学ではなく、アート実践を介した社会研究を考えています。これはまた、先にも述べたように、ワーク・イン・プログレスを重視しながら、研究結果を学術的言語で発表するのではなく、起点から終点までの全体プロセスを図像・映像や詩的言語など芸術的表現で表現することも試みます。

岡原は、アートベース社会学の特徴のひとつとして「広い意味で身体的なもの」であることを指摘しています（前掲書、五頁）。自分や他者の身体や感情を稼働させる学問の必要性を訴えるのです。

アートベース社会学は、観客・読者を作者・著者の経験に参加させ、作者・著者がさまざまな人々の経験に参加できるよう促す表現実践であり、従来の社会学のように事実を客観的に確定するものではありません。したがって、社会的事実を説明したり解釈したりすることを目指すのではなく、むしろ、世界のある側面をより深くより複雑に理解することを可能にするような、発見法（heuristic）に基づく社会学なのです。命題を主張するのではありませんが、事態の洞察をもたらすことで、研究上の命題・言明をより了解できるものにするとも考えられています。一般に、他者の経験への共感は、人間の生の深遠なる意味を自らに取り込み、自らの変容をもたらすための必要条件ですが、アートこそそうしたチャンスをもたらしてくれると考え（前掲書、八頁）、アートを媒介にしてその場その場で生成される行動や関係性というパフォーマティヴな事態に、アートベース社会学は狙いを定めるのです。

アートベース社会学とＶＭの共通点と相違点

では、アートベース社会学とＶＭは、どのような点で共通し、どこで異なってくるのでしょうか。

教育者は被教育者の内部で起こった変化を完全に把握することはできません。そうすると、被教育者のなかで陶冶＝自己形成（ビルドゥング）が本当に起きているかどうかを知ることはできなくなってしまいます。しかし「教育」は、教育者と被教育者の、非対称的ですが、双方向的な関係性が根本にあり、そこには双方からの表現や働きかけが存在します。

岡原のアートベース社会学は、パフォーマティヴという概念を中心に据えます。すでにいつも他者へのパフォーマティヴな行為は存在してしまっている、すなわち、人間誰しも身体的に場を共有している相手に対してなんらかの表現＝働きかけをしてしまっているという事実を前提としています（前掲書、一一三頁）。これに従えば、被教育者の表現を前提として教育者の行為はなされ、教育者の行為を前提として被教育者の行為はなされるという教育学の見方は、相互行為のなかでパフォーマティヴな行為を重視するという点で、アートベース社会学と考えを共有できると思われます。

そう考えると、VMは、教育におけるモノや人とのパフォーマティヴな相互行為のプロセスを展示・記述する試みであるといえるかもしれません。VMでは、展示者はモノを媒介とした自身の自己形成の過去を振り返り、それを展示することで、閲覧者の内面に何かしらの自己と世界の関係性を振り返る契機を与えることを期待します。つまり、展示者はモノを媒介とした能動的な自己形成の経験を表現し、相手にもそうした経験があることを期待し、相手からの表現を引き出そうとします。たしかにその場で即時的にこの相互行為が生成してくるわけではありません。時間差はありますし、厳密な意味で空間を共有しているとはいい難いでしょう。しかし、相互行為という関係性のなかで、〝自己は変容していく〟という考え方自体は、パフォーマティヴな行為を重視するアートベース社会学に共通するといえるでしょう。岡原は社会学実践をアート表現であると大胆な主張をしていますが、VMという自己形成の過程を展示する私たちの活動も、一種のアート実践であるといえなくもありません。このように考えると、アートベース社会学における実践や発見を、VMに活かすことができるように思われます。

岡原は、「パフォーマティブな表現とは、自己再帰的にパフォーマンス性を自分に取り込んだ表現であり、ABRに求められるのは多層的な現実の構築の一環としてアートによるアウトプットを企図しているかどうかである」（前掲書、一二四頁）と述べています。表現による多層的で多様な現実の再構築という点でVMの目指すところと共通しているといえるでしょう。VMでは、自己形成が起こりうるモノ経験を図像とテクストで展示することによって、その視座から現実を再構築するとともに、世界を意味づけし直すことで再び自己に再帰すること、すなわち陶冶＝自己形成を引き起こそうとします。さらに、この世界との関係の再構築と自己への再帰は、展示者のみならず、鑑賞者にも起こることが期待されています。こうして、VMを舞台に制作者と来館者（閲覧者）が、時間差はあっても、相互交流し、来館者が展示に反応を示すことで新たな意味づけを生み出すことが期待されるのです。

岡原の言葉を借りるのであれば、VMも「シェアリング・エンパワー」な活動であるといえるでしょう。「自分の体験を誰かとシェアする、あるいは、他人の体験が自分にシェアされる、そんな関わり合いの中で、自ずから立ち上がることのある出来事」（岡原、二〇二〇年、三三七頁）を、岡原は「シェアリング・エンパワー」と呼びますが、たしかにこうした行動こそ人間生活・人間活動の基本であり、「人と人の間」である「人間」の形成過程を展示するVMにもそれを期待していいでしょう。

しかし、同時に重要なことも指摘しなければなりません。ここまでアートベース社会学とVM

の共通点を中心に考察してきましたが、そのことからVMの限界も見えてきたからです。VMはあくまでも展示者の「自己形成」の経験であり、制作者と来館者（閲覧者）に内面を振り返る契機を与えることを基本的モチーフとしています。しかし、そこで展開されるのは、あくまでも「自己形成論」であり、それがそのまま「教育学」に寄与するとまではいえないからです。端的にいえば、教育は次世代の自己形成に意図的に関わる行為だからです。世界と自己の関係の変容に寄与したモノ経験を回想したとしても、それが教師として親としてどのようにその経験に関わるべきかという教育の問題に関しては、また改めて考察しなければなりません。

四　美術教育的ABRとVM

（畑野佑季さんと橋本有利子さんのレポートに基づいています）

最後に、小松佳代子が東京藝術大学で開始し、長岡造形大学で発展させているABRについて考えてみましょう。

小松の考えるABRは、端的にいえば、「芸術的省察による研究」のことです。つまり、美術制作のただなかに芸術的省察を見ようとするものであり、これまでのABR実践者たちがどちらかというと芸術を手段として用いる傾向が強かったのに対して、芸術制作過程に内在する省察自体を研究対象と捉えるところが異なる点です。しかし、そこに見出されるものは、前述のＡＢＲの実践者たちと同じように、芸術がもつ発見的思考法です。また、従来の科学的な研究方法や知のあり方を問い直すというモチーフが貫かれている点も共通しています。ＡＢＲにはさまざまな形態や理解が存在しています。しかし、共通しているのは、これまで研究には不向きとされてきた芸術の不確かさ・曖昧さ・多義性・感覚準拠という特性にあえて基づくことで、これまでの自然科学や社会科学にはない固有の知の可能性を探究している点です。

小松独自に見られるＡＢＲ理解の特色は、今述べたように、個人の美術制作で生じる芸術的省察に着目している点にあります。これは、小松が芸術系大学において日々美術制作を専門とする学生と接しているという事情からもきているといえます。アーウィンの実践するＡＢＲでは、芸術は多様な解釈を可能にするコミュニケーション・ツールとされていますが、小松の考えるＡＢＲの場合、まず、意味を考えるよりも先に芸術制作を行い、一人で制作に向き合うなかで生じる芸術的省察が重視されます。つまり芸術制作それ自体に省察の主眼を置いているか否か、一人での制作なのか、コミュニティを意識した制作なのか、という違いがあります。

では、小松が考える芸術的省察の特質とは何でしょうか。それは端的にいうと、「質的知性」といわれるものです。絵画などで用いられる色彩が多様で多義的なニュアンスを含んでいるように、緻密に芸術を制作したり鑑賞したりするところで作動している芸術的省察にはこの種の知性が働いている、というのです。この「質的知性」が、制作プロセスにおいて生じてくるさまざまな素材とその扱いに関する問題に関わってきます。その都度その都度のモノに対する判断を重ねることで、思考のレイヤー（層）ができ、作り手自身も変化していきます。「質的知性」とは、美術の学びの過程のあらゆる段階を貫いて働くモノと関わる総合的知性であり、芸術を通して形成される知性です。美術制作のなかのモノとのやりとりにおいて、芸術的省察が作動し、「質的知性」が養われ、制作者自身も変容、陶冶されていくのです。したがって、小松は自らが提唱するＡＢＲを美術教育的ＡＢＲと形容しています（小松、二〇一八）。

ＶＭとの共通点と相違点

では、小松の考えるＡＢＲとＶＭとの共通点、相違点を考えてみましょう。まず、共通点として二つ挙げられます。

ひとつ目は、小松のＡＢＲもＶＭも自己や他者の変容・陶冶を引き起こすという自己に重点を置いた教育的関心に基づいている点が挙げられます。前述のように、小松の考えるＡＢＲでは、素材と関わるなかで行われる芸術的省察によって制作者の「質的知性」が多層性を増し、自己変容が引き起こされるので、この自己変容という視点、教育的関心が小松のＡＢＲにとって重要です。アーウィンも美術教育分野からＡＢＲに関わっているので、小松と同様に世界と自己の関係性の変容に関心を向けてはいますが、岡原の試みにおいて明確に現れてくる、他者を巻き込んだ社会変容にも強い関心を向けており、その比較でいうと、小松のＡＢＲは、自身でも美術教育的ＡＢＲと表現しているように、一人一人の人間形成に対する教育的関心がより強いといえるでしょう。そしてＶＭも、何度も繰り返してきたように、陶冶＝自己形成にまつわるモノの展示や経験の記述によって自己形成を回想し、そのことで他者（鑑賞者）の共感や気づきを触発し、他者（鑑賞者）の陶冶＝自己形成を引き起こすことが期待されています。ＶＭはさまざまなレベルで陶冶＝自己形成を触発する教育プロジェクトであり、このような意味での教育的関心を含んでいるため、この点で小松のＡＢＲと共通しているといえるでしょう。

二つ目の共通点は、どちらも言語のみでは十分に伝えきれない感覚的な側面に着目している点です。小松のＡＢＲは、客観的な分析や図式的な理解が求められる通常の科学的研究とは異なる芸術の不確かさ・曖昧さ・多義性という感覚的な特徴に基づく、芸術制作固有の探究的知性に意義を見出しています。同じくＶＭも、モノと自己の接面で起こっていること、すなわち、モノの物質的特性とそれを感受しながら働きかける自身の身体とのあいだで生じている相互作用に着目するので、この点でも小松のＡＢＲと共通しているといえるでしょう。

次に相違点を考えてみましょう。それは二つあります。

ひとつ目は、他者との関係性の度合いに差がある点です。

小松の考えるABRでは、芸術制作は基本的に一人で向き合う、つまり、個人的な活動と捉えられています。一人で芸術制作に向き合い、その制作過程において自己とモノが関わる様相が重視されるのです。したがって、活動は自分で始まり自分で終わるという自己完結的な性格が強くなっています。極端な話、他者の存在は必ずしも必要ないといえるかもしれません。

一方、VMは制作者それぞれの陶冶=自己形成にまつわるモノ経験を、制作者コミュニティで語り合い、共有されたうえで、キャプション記述や図像選択に移行していきます。また、VMはミュージアムという形態をとっている以上、何かを展示し、それを他者に見せることが求められます。そのことで、VMは、陶冶=自己形成にまつわるモノの展示や経験の記述によって、鑑賞者の陶冶=自己形成を促すという想定が必然的に組み込まれているのです。制作者同士の関係性、制作者と鑑賞者との関係性が前提としてあり、他者の存在を必要としている、ないしは関係性を創り出そうとしているといえます。この意味で、アーウィンや岡原の試みに近いかもしれません。他者の存在をどの程度必要としているのかにおいて、小松のABRとVMは異なってくるでしょう。

二つ目の相違点は、陶冶=自己形成の時間的ズレに関する問題に関わります。小松のABRは、現在参与している芸術制作プロセスで生じる自己変容、つまり、現在進行中の自己変容に主たる関心が向けられているようです。一方、ＶＭは過去の自己形成の経験とその回想に関わります。すなわち「過去の自己形成」（すでに行われた自己形成）とそれを回想する現在で生じる自己形成、この二つの時間における自己形成に関心があります。第一章で述べたように、ＶＭで扱う自己形成は、時間的には、過去と、過去を回想する現在、この両方で生成してくる自己形成を問題にしているのです。自己形成の時間性の理解という点で、小松のＡＢＲとの違いを見出すことができるでしょう。

五　ＶＭの方法論的位置づけ

さて、ＡＢＲのさまざまな研究法とＶＭの比較を行ってきました。その結果、ＡＢＲとＶＭにいくつもの共通点を見つけることができました。芸術ないしはアートが実践するなかではぐくむことができる「質的知性」（小松）、アートを完成した作品としてではなく、アーティストと観客のあいだで展開され「ワーク・イン・プログレス」にあるパフォーマティヴな社会的行為と捉える考え方（岡原）、参加者が自分の属する環境や社会における位置づけを越境しながら新しい関係性を構築していくソーシャル・エンゲージド・アートとしての実践（アーウィン）、ＡＢＲを感性的探求および省察の段階と、アート表現による探求および知の創出の段階に分けて考える見方

（笠原）など、これからのＶＭの展開を考える上で、ヒントになる重要な発想を得ることができたことでしょう。

しかし、最後に強調しておきたいことがあります。ＡＢＲの実践者たちは、従来の自然科学や社会科学の方法では認識できない生の深層を明らかにするため、芸術に探究の手法を期待し、そして、新しい研究法として確立しようとしています。この動向は、いわゆるポストモダンの時代に強まってきた従来の科学方法論への批判を背景にしています。すなわち、事実の確定（実証）や事実間の因果関係・相関関係の解明（説明）、事実の意味づけ（解釈）を目指してきた従来の科学では、生の質感や実感から遠い認識しか得られず、現実の諸問題に実践上の影響力を行使できない知識であるという診断が前提とされているのです。さらにこの診断の根底には、従来の学問の方法論が前提としていた「確固たる真理は存在する」、ないしは「客観的認識は成立しうる」という前提に対し、認識のパフォーマティヴ性や構成主義的性格を強調し、真理や認識は創られるのだという考え方が一般化してきていることと共鳴し合っています。

しかし、ＶＭの試みは、こうした大問題への対案を提出するようなアンビション（野心）をもっているのではありません。このことは強調しておかなければなりません。従来の科学方法論に基づく教育研究や社会研究に意味がないはずはありません。構成主義的な認識観はそれが極端になると、どんなものもその時々の見方次第という安易な考え方に行き着いてしまいます。これは危険なことだと私は思うのです。というのも、歴史認識であれ、自然認識であれ、社会認識であれ、それを認識する主体の思いのままにはならないリアリティが、たとえその全貌を神のように認識できないとしても、あるからです。このことを忘れてはならないでしょう。

また、VMの試みが、モレンハウアーが提案した教育学の課題、すなわち、「個人的回想・集団的回想を促すこと」に基づいているとしても（本書一三頁参照）、それを促す仕方は何も芸術的なやり方だけではないのです。従来の科学的実証的な方法に基づく知見であっても回想を引き起こすことは可能です。特に集団的回想に関してはそうです。ただ、陶冶＝自己形成や教育を回想する仕掛けを問題にする場合、モレンハウアーもそうでしたが、これまで学問的探究で取り上げられてこなかった小説や図像（そしてときには音楽）といった芸術的媒体も「生のドキュメント」として十分考察の対象になりうるということなのです。

では、どういう意味でVMは従来の学問的科学的考察との関係であえて試みる価値があるのでしょうか。その意義はおそらく、ABRを展開する多くの研究者も述べているように、芸術を媒介にすることで、ないしは芸術的制作を取り入れることで、あるいは芸術で働く感性的な知性を参考にした手法を採用することで、何か新しい問題や視点や関係性を発見したり、探究共同体を形成したりすることが可能になり、研究を前へと進めていく意欲を生み出す点にあるのではないでしょうか。端的にいえば、発見法的な意義があるということです。

また、研究者（集団）と研究対象だった人々（たとえば、子どもたちや学生、両親、先生、教育に関心をもつすべての市民）を媒介する役割も見逃せません。岡原も述べていたように、これまで研究成果は論文など学術的言語で伝えるだけでした。しかし、学問研究が学者共同体だけでなく、広く社会に影響を与えるには、学問の成果をその本質を損ねることなく、しかし一般に伝わりやすい方法で示す必要もあるはずです。そのとき、さまざまな「あいだ」を媒介することを目指し発展してきたＡＢＲやＶＭが、その本領を発揮するはずです。アートは直観的に生の本質をそのプロセスにおいて提示します。これが強みになるのです。芸術的手法を取り込んだ手法は、研究と社会をつなぐ媒介となりうるのです。

人間の営みとしての教育や自己形成を探究するのに何もひとつの方法に固執する必要はありません。ＶＭは、従来の学問研究との関係でいえば、学問研究に入っていく導入部分でなされる、ないしは学問研究の最中で発想の転換を求めたいときになされる、あるいは研究成果を世に問おうとするときになされる、独特な手法である、と考えればよいのです。ＶＭは、決して教育研究の本体を形成することはないでしょうが、ＶＭ（発見法的ワークショップ）→学問研究（哲学的、歴史学的、心理学的、社会学的アプローチ）→ＶＭ（成果展示）、このサイクルが何度も繰り返されることで教育研究を豊かにする重要な契機にはなるはずです。

おわりに

眞壁ゼミで長年取り組んできた教育と研究のプロジェクトがこうして一冊の本になることをとても嬉しく思います。ヴァーチャル・ミュージアム「デジタル世界図絵」がその完成形に達したとはいえませんが、試行錯誤しながらもここまでよく続けてこられたなと感慨もひとしおです。このプロジェクトに参加してくれた眞壁ゼミの卒業生、在学生の皆さんと喜びを分かち合いたいと思います。

ここでその一人一人の名前をあげることはできませんが、とくに尽力してくれた数名の名前と世代だけはここに記しておきたいと思います。まず、ベルリン・フンボルト大学の先行事例はあったにせよ、日本で新しく展開するため、ウェブ・デザインをゼロから考えてくれた原拓也君をはじめとする二〇一三年度ゼミ生諸君は忘れられない代です。どのようにデザインするか、どういうモノを収集するか、ずいぶん時間をとって議論しましたね。また、二〇二〇年度、ヴァーチャル・ミュージアム（VM）を本にすることが決まり、過去の展示を振り返りながら、より完成度の高いものを制作しようとたくさんの時間を割いてくれた井上秀人君をはじめとする二〇二一年度版に携わった現在四年生諸君、そして最後に、第四章でも紹介しましたが、VMとアートを手法とする他の質的研究を比較してくれた二〇二〇年度四年生だった下條衣緒里さん、橋本有利子さん、畑野佑季さん、本郷直人君にも感謝したいと思います。

制作過程では何度もＶＭの発想の原点、人間形成と教育の違いや関係について議論しました。はたして今年度は完成できるのだろうか、頓挫するのではないかと思ったことも一度や二度ではありません。しかし、私はあえて大きな方向性を示すだけにしてきました。学生から要望があったときは、ドイツにおけるミュージアム展示の話やビルドゥングに関する思想史的哲学的議論を紹介することはありましたが、テーマ設定や収集品、展示デザインに関しては、まったくノータッチでした。本ゼミでは教育哲学や教育思想史の古典、芸術哲学的な文章を読むことを強く要求していますが、サブゼミ扱いのＶＭ制作では完全に学生任せでした。それは、学生諸君を信頼していたからです。そして、それは間違いではなかったと思っています。紆余曲折があっても最後は完成させるだろうと信じることができたのは、代々のＶＭ係やゼミ長が真剣に取り組んでくれたからです。それはさながら人生そのものを見るようでした。

現代社会において人間形成は、学校教育や社会教育という制度的な枠組みと複雑化するメディア環境のなかで展開されています。そこでは若者は日本社会で大人になっていくことが期待されています。しかし、これは同時に否応なく現実社会の論理に適応していくことでもあります。「はじめに」でも書きましたが、この事態が過剰になると仕事や教育のために人生があるかのような様相を呈しだします。これは社会システムによって規定されているため、簡単に一人の力で変えることは難しいかもしれません。しかし、人生のために教育や仕事があるのだということを思い出し、「自分の人生とは何か」ということを振り返る機会は必要だと思います。キャリア教育とは異なるやり方で、ＶＭはこの想起の機会を与えてくれると信じています。ささやかな試みですが、モノと私のあいだに接面が広がっていく感性経験のなかで、そしてまた、その経験を想起するという経験のなかで、「人生（ライフ）」についてのリアルな気づきが、一瞬かもしれませんが、生じるのではないでしょうか。

眞壁宏幹

二〇二二年九月

引用参考文献

Gösswald, U. (Hrsg.) (2010): *99×Neukölln, Kultur in Neukölln* (Berlin).
Koller, H-C. (2011): *Bildung anders denken,Kohlhammer* (Stuttgart).
Mollenhauer, K./Uhrendorff, U. (1992): *Sozialpädagogische Diagnosen 1, Juventa* (München).
Nohl, A-M. (2011): *Pädagogik der Dinge, Klinkhardt* (Bad Heilbrunn).
Parmontier, M. (2005): Die Bibliothek des pädagogischen Museums Orbis digitalis. http://www.60320ffm.de/orbis/orbisdigitalis/museum/sammlung（二〇二一年八月三〇日最終閲覧）。
今井康雄編（二〇二一）『モノの経験の教育学』東京大学出版会。
岡原正幸（二〇一七－a）「アートベース・リサーチ」、『法學研究』九〇巻一号、一一九－一四八頁。
岡原正幸（二〇一七－b）「アートベース社会学へ」、『哲學』第一三八集、一－八頁。
岡原正幸編著（二〇二〇）『アート・ライフ・社会学――エンパワーするアートベース・リサーチ』晃洋書房。
香川檀（二〇一二）『想起のかたち――記憶アートの歴史意識』水声社。
笠原広一（二〇一七）『子どものワークショップと体験理解――感性的な視点からの実践研究のアプローチ』九州大学出版会。
笠原広一、リタ・L・アーウィン編著（二〇二〇）『アートグラフィー――芸術家／研究者／教育者として生きる探求の技法』BookWay。
窪島誠一郎（二〇〇一）『無言館ノオト――戦没画学生へのレクイエム』集英社。
コラー、H－C.（二〇二一）「変容的な人間形成過程におけるモノの意味」、今井康雄編『モノの経験の教育学』東京大学出版会、二三九－二五七頁。

小松佳代子（二〇一八）『美術教育の可能性』勁草書房。

モレンハウアー、K．著、今井康雄訳（一九八七）『忘れられた連関――「教える‐学ぶ」とは何か』みすず書房。

パーモンティエ、M．著、眞壁宏幹訳（二〇一二）『ミュージアム・エデュケーション――感性と知性を拓く想起空間』慶應義塾大学出版会。

眞壁　宏幹（まかべ・ひろもと）
1959年生まれ。慶應義塾大学文学部教授。慶應義塾大学大学院社会学研究科単位取得退学。専門は陶冶論（美・芸術と人間形成）、ドイツ教育思想史。
著書に『ヴァイマル文化の芸術と教育』（慶應義塾大学出版会、2020年）、『ミュージアム・エデュケーション』（慶應義塾大学出版会、2012年）、『西洋教育思想史　第2版』（慶應義塾大学出版会、2020年）など。

慶應義塾大学三田哲学会叢書
デジタル世界図絵
——ヴァーチャル・ミュージアムの取組み

2022年11月10日　初版第１刷発行

著者——————眞壁宏幹・眞壁ゼミ
発行——————慶應義塾大学三田哲学会
〒108-8345　東京都港区三田2-15-45
http://mitatetsu.keio.ac.jp/
制作・発売所——慶應義塾大学出版会株式会社
〒108-8346　東京都港区三田2-19-30
TEL〔編集部〕03-3451-0931
〔営業部〕03-3451-3584〈ご注文〉
〃　03-3451-6926
FAX〔営業部〕03-3451-3122
振替　00190-8-155497
https://www.keio-up.co.jp/
装丁——————大倉真一郎
組版——————株式会社キャップス
印刷・製本———中央精版印刷株式会社
カバー印刷———株式会社太平印刷社

Printed in Japan　ISBN978-4-7664-2859-9

「慶應義塾大学三田哲学会叢書」の刊行にあたって

このたび三田哲学会では叢書の刊行を行います。本学会は、1910年、文学科主任川合貞一が中心となり哲学専攻において三田哲学会として発足しました。1858年に蘭学塾として開かれ、1868年に慶應義塾と命名された義塾は、1890年に大学部を設置し、文学、理財、法律の3科が生まれました。文学科には哲学専攻、史学専攻、文学専攻の3専攻がありました。三田哲学会はこの哲学専攻を中心にその関連諸科学の研究普及および相互理解をはかることを目的にしています。

その後、1925年、三田出身の哲学、倫理学、社会学、心理学、教育学などの広い意味での哲学思想に関心をもつ百数十名の教員・研究者が集まり、相互の学問の交流を通して三田における広義の哲学を一層発展させようと意図して現在の形の三田哲学会が結成されます。現在会員は慶應義塾大学文学部の7専攻（哲学、倫理学、美学美術史学、社会学、心理学、教育学、人間科学）の専任教員と学部学生、同大学院文学研究科の2専攻（哲学・倫理学、美学美術史学）の専任教員と大学院生、および本会の趣旨に賛同する者によって構成されています。

1926年に学会誌『哲学』を創刊し、以降『哲学』の刊行を軸とする学会活動を続けてきました。『哲学』は主に専門論文が掲載される場で、研究の深化や研究者間の相互理解には資するものです。しかし、三田哲学会創立100周年にあたり、会員の研究成果がより広範な社会に向けて平易な文章で発信される必要性が認められ、その目的にかなう媒体が求められることになります。そこで学会ホームページの充実とならんで、この叢書の発刊が企図されました。

多分野にわたる研究者を抱える三田哲学会は、その分、多方面に関心を広げる学生や一般読者に向けて、専門的な研究成果を生きられる知として伝えていかなければならないでしょう。私物化せず、死物化もせずに、知を公共の中に行き渡らせる媒体となることが、本叢書の目的です。

ars incognita　アルス インコグニタは、ラテン語ですが、「未知の技法」という意味です。慶應義塾の精神のひとつに「自我作古（我より古を作す）」、つまり、前人未踏の新しい分野に挑戦し、たとえ困難や試練が待ち受けていても、それに耐えて開拓に当たるという、勇気と使命感を表した言葉があります。未だ知られることのない知の用法、単なる知識の獲得ではなく、新たな生の技法（ars vivendi）としての知を作り出すという本叢書の精神が、慶應義塾の精神と相まって、表現されていると考えていただければ幸いです。

慶應義塾大学三田哲学会